hito*yume book

学校と創った
教室でできる関係づくり
「王道」ステップ
ワン・ツー・スリー Ⅱ

1 2 3

文溪堂

はじめに

前著、『教室でできる特別支援教育 子どもに学んだ「王道」ステップ ワン・ツー・スリー』の発刊からちょうど2年になりました。学校現場の先生方から直接、あるいはインターネット上の書評等で、著作に関する感想をお寄せいただくことは、著者として光栄なことです。中でも私が最もうれしかったのは、私のブログ「Today's Pocket」に寄せられたある先生からのコメントです。

はじめて投稿させていただきます。昨年の夏に先生のお話をうかがいました。あの研修会の雰囲気の温かさが心に残っています。研修会後購入した、先生の『王道ステップ』の本が今の私のお守りになっています。いつも通勤バッグに入っていて、不安になったときや力を入れたいときに何度も読ませていただいています。明日から新たな学期が始まります。緊張感を和らげたくて先生のブログを拝見しました。明日はまずは笑顔で子どもの前に立ちたいと思います。

私はこのコメントを読んだとき、「もっと現場の先生方の役に立ちたい」という思いが強く心に湧き上がってきました。「鉄は熱いうちに打て」…ならば、「思いは熱いうちに動く」。これが、今回、本書の執筆に向け、第一歩を踏み出すことになった直接のきっかけです。

前著の『王道ステップ』は、先行研究の知見及び私自身の経験をもとに、通常学級における特別支援教育の考え方を整理・提言したものです。それに続く本書は、教師と子ども、子ども同士の「関係づくり」を通して、自尊感情とソーシャルスキルを育むためのアプローチに焦点を当てるものです。私は今、発達障害のある子、それらの障害の疑いのある子、家庭環境上の問題を抱える子等の「気になる子※」が集団に溶けこむ学級は、「関係づく

※ 曽山和彦 2013 『気になる子への支援のワザ』教育開発研究所、3

り」によって生まれるという実感があります。そうした実感を私に強くもたせてくれたのは、愛知県刈谷市立依佐美中学校（本書では以下、依佐美中）。私が4年間、「関係づくり」に関するスーパーバイザーとして実践・研究に携わった学校です。平成26年10月に開催された公開研究会では、「気になる子」を含む生徒全員の活動や表情に対し、全国各地から参加した500人を超える先生方から、「本校にも是非取り入れたい実践です」等の感想が多く届けられました。そこで、本書では、依佐美中が4年間かけて創り上げた短時間グループアプローチの実践を核に、「関係づくり」の基本方策を提言します。年間を通して数多くいただく私への講演依頼の中で、「関係づくり」に関するテーマは、「教室でできる特別支援教育」同様、増えてきている傾向があります。本書は、全国各地の会場で先生方にお話ししている内容を文字として整理した「紙上講演」とも言えるでしょうか…。

前書同様、タイトルには「教室でできる」「王道ステップ」という言葉を冠しました。「教室でできる」という言葉には、「特別な能力・技術に長けた教師が、特別な場において実践できることではなく、誰もが配慮・工夫により実践できる」という意味を、また、「王道ステップ」には、私自身、「これが『王道』（最も正統的な道）と感じた方策を整理した流れ」という意味を込めています。本書が、先生方の明日に向けた実践の「背中のひと押し」になることを心から願いながら……。

いつでもどこでも先生方の毎日を応援する一人として　曽山　和彦

学校と創った 教室でできる関係づくり
「王道」ステップ ワン・ツー・スリー II
目次

はじめに 2

第1章 現代の子どもと「関係づくり」

現代社会における学校存在の意義 11

● 現代の子どもの姿と支援の「王道」 12

■ 子どもの自尊感情、ソーシャルスキルとストレス反応の関係 12

研究 児童のメンタルヘルスに影響を及ぼす要因の抽出 14

● 現代の子ども支援の基本方策 16

第2章 依佐美中学校の実践に学んだ「関係づくり」の3ステップ

■「関係づくり」の3ステップ 17

● ステップ1 「一枚岩」の体制をつくる 18

● ステップ2 「関係づくりの花火」を打ち上げる 19

● ステップ3 「関係づくりの火」を灯し続ける 20

体験 私とエンカウンターとの「出会い」 21

ステップ1 「一枚岩」の体制をつくる 29

教師への自由記述アンケートから 30

◆「一枚岩」になるための具体方策 30

ステップ2 「関係づくりの花火」を打ち上げる 35

◆「よさっぴタイム」とは 36

◆「よさっぴタイム」の効果 41

◆ よりよい「花火」の5条件 42

■ ステップ3 「関係づくりの火」を灯し続ける
◆ 「よさっぴトーク」とは 49

授業 社会科（中学2年生） 主体的に学ぶことができる生徒の育成

第3章 「感動」の紙上再現 依佐美中学校研究発表会

■ 研究会当日の流れと「よさっぴタイム」「公開授業」参観者の感想

講演 学びを支える学級づくり・学校づくり

対談 依佐美中学校の研究と実践 4年間の研究を終えて

第4章 「気になる子」の学級親和を促す短時間グループアプローチの実践

■ 「気になる子」が溶け込む「関係づくり」
● 短時間グループアプローチ「A小タイム」 84
● 「関係づくりの火」を灯し続ける 〜A小対話（ペア・グループ）からクラス対話へ〜 88
● 中学年B組の変容 〜学級がよりよい居場所に!!〜 89
● 「気になる子」C男の変容 〜「井戸端会議」が大好きに!!〜 91

48
50
58
60
72
84

5

第5章 「関係づくり」に悩む君に伝えたい・伝えられること

「関係づくり」に悩む君に…［7Day's Pocket］

- 1. 関係づくりの第一歩は相手への関心 99
- 2. 「think」の前には理論が必要 100
- 3. 人生の主人公は自分自身 101
- 4. 人生には「祭りと修行」がある 102
- 5. 子どもに要求することは全て自分がしてみせる 103
- 6. あきらめずに「関係のトンネル」を掘る 104
- 7. 今見ている景色を楽しむ 105

いつか君も… エサレンへの旅

- おわりに 114
- 索引 118

登場人物紹介

教職5年目の教師
希実(のぞみ)先生

特別支援教育と生徒指導・教育相談を専門とする大学教授
曽山先生

曽山先生ホームページ
「KAZU・和・POCKET」
http://www.pat.hi-ho.ne.jp/soyama/

第1章

現代の子どもと「関係づくり」

教室でできる「関係づくり」
～子どもを人として育てよう～

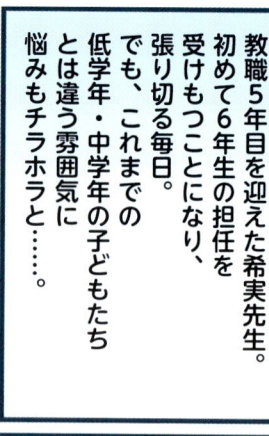

教職5年目を迎えた希実先生。初めて6年生の担任を受けもつことになり、張り切る毎日。でも、これまでの低学年・中学年の子どもたちとは違う雰囲気に悩みもチラホラと……。

はい、△頁開いてね〜

高学年の担任ともなると、いろいろと気になることがあるのよね……

授業中

し———ん…

休み時間

センセー
センセー

こんな学級の様子でいいのかなぁ

あっ、こんな時こそ曽山先生に相談してみよう！

後日、曽山先生研究室にて…
いらっしゃい、希実先生
くるん
ご無沙汰しています、曽山先生！
うん
うん
じつは相談がありまして、△△、□○…で学級の状態が気になって…
私はこれからどのように子どもや学級を育てていったらいいのでしょうか？
確か、希実先生は、今年初めての高学年担任ということでしたね……。
6年生ということでは思春期に入った子もいることでしょうね。
それなら、私がこれまで4年間かかわってきた中学校が今度、研究発表会を開催するので、見に行ってはどうですか？
え？中学校の研究発表会ですか？
そうです。
思春期真っただ中の生徒を前に、中学校の先生方がどのような作戦を立てて、かかわりをもっているか、参考になりますよ
わかりました！
数日後 中学校の研究発表会にて…
○○さんの意見についてどうですか？
はい!!
いいと思います！
ハイ、賛成です！
すごい！
みんな活発に発表してる！
移動中の廊下
こんにちはー
こっこんにちはー

~男女の壁もなくどのクラスも活気にあふれている~
グループトーク
はーい、トーク開始！
ワイ
ワイ
ガヤ
ガヤ
パート別合唱練習
すごい、しっかりと声が出てる！
……数日後
再び、曽山先生研究室にて…
先日は、ありがとうございました。どの子もすごくイキイキとしていて、自分の意見もはっきりと発表できていて、すばらしいと思いました！
どうでしたか？
子どもたちの笑顔…
私の学級もあんなキラキラした子でいっぱいにしたいわ!!
私の学校でもできるのでしょうか……？
大丈夫ですよ！一緒に取り組んでみましょう！
よろしくお願いします!!
まずは関係づくりに ついて子どもたちの状況を知ることから始めましょう！
ありがとうございます！曽山先生！

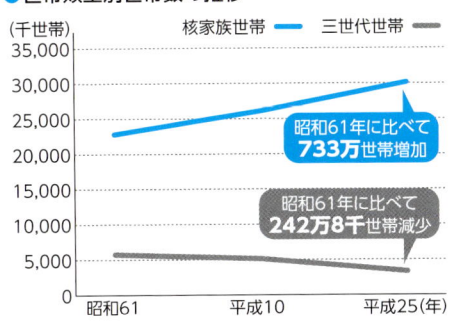

現代社会における学校存在の意義

●世帯類型別世帯数の推移(※1)

核家族世帯　三世代世帯

昭和61年に比べて **733万世帯増加**

昭和61年に比べて **242万8千世帯減少**

「人間」とはよくできた言葉であると、その構成する漢字を見るたびに思います。「人と人の間で生きるから人間」…このように考えると、現代社会の中では、子どもも大人も「人間」としてしっかり毎日を生ききっているのかどうかと考えさせられます。

厚生労働省調査(※1)によれば、昭和61年以降約30年の間に、三世代世帯が減り、核家族世帯が増えていることが明らかになっています。また、文部科学省調査(※2)によれば、調査対象者の過半数（55.6％）が「地域の教育力は自分が子どもの頃に比べて低下している」と回答しています。そして、その教育力低下の最大要因は「他人の関与を歓迎しない風潮（私事化）にある」ということが示されています。このような調査結果から、家庭・地域では、以前に比べ、人が人の間で生きる機会が失われてきているということがわかります。「人が人になるには人が必要である」…私が大切にしているこの言葉を改めて考えるならば、現代社会は、家庭も地域も「人が人になるための教育力」を失いつつある状況にあると言えるでしょう。しかし、学校はどうでしょうか？ 学校は以前と変わらず人が集まる場です。教師の工夫次第で、学校生活のさまざまな場面における「人を人にする」アプローチが可能です。私は、現代社会における学校は、「人を人にする最後の砦」とも言える重要な役割を担っていると考えています。「教師と子ども、子ども同士のかかわり、すなわち『関係づくり』を通して、子どもを人として育てていく」。本章では、これまでに私が出会った子どもたち、学んだ研究知見等にふれながら、教室でできる「関係づくり」の基本的な考え方を整理します。

「私事化」とは

「人間関係、組織に対し、適度な距離を置きつつ自分の私的領域を確保しようとする動き」のことであり、文部科学省調査(※2)に示された「他人の関与を歓迎しない風潮」を明確に捉えた用語であるといえる。(※4)

「核家族世帯」「三世代世帯」とは

夫婦のみ、夫婦プラス未婚の子ども、父親か母親のどちらか一方プラス未婚の子どもからなる世帯を「核家族世帯」、世帯主を中心とした直系三世代以上の世帯を「三世代世帯」という。(※3)

※4　森田洋司　1991　『「不登校」現象の社会学』学文社、213
※1　厚生労働省　2014　『国民生活基礎調査の概況』
※2　文部科学省　2006　地域の教育力に関する実態調査
※3　厚生労働省　厚生労働統計に用いる主な比率及び用語の解説、WEB

現代の子どもの姿と支援の「王道」

子どもの自尊感情、ソーシャルスキルとストレス反応の関係

先に述べたように、現代社会は家庭・地域において、「人が人の間で生きる機会」が失われてきています。こうした状況は、かかわりを通して育まれる力である「自尊感情(self-esteem)」「ソーシャルスキル(social skills)」が、子どもたちの中に十分には育ち得ないという問題を引き起こすと考えられます。「自己評価の感情」である自尊感情は、身近な大人や友人からの評価を繰り返し受ける中で育まれるものであることから、現代社会は、子どもたちが自尊感情を高められるような環境が整えられていないと言うことができるでしょう。また、児童生徒のソーシャルスキル（対人関係のコツ・技術）に関する縦断的研究を行った石川ら（※5）は、「構造化された集団SST（ソーシャルスキル・トレーニング）などを実施しない限りは、現在の学校や家庭での日常生活においては、ソーシャルスキルを使用しても、それを強化するようなことはなく、子どもたちが自然にソーシャルスキルを学ぶような環境は整えられていない」と述べています。

このように、現代社会における「子どもたちの自尊感情の低さ、ソーシャルスキルの乏しさ」という問題は、学校不適応（いじめ・不登校等）、通常学級における特別支援教育の問題にも直結すると考えられます。日本青少年研究所（2011）が実施した「高校生の心と体の健康に関する調査」によれば、諸外国に比べ、日本の高校生の自尊感情が格段に低いことが明らかになっています。また、文部科学省の調査（2015）では、2014年度小中高等学校、特別支援学校におけるいじめ認知件数は18万8057件（前年より2254件増加）、小中学校不登校児童生徒数は12万2902人（前年より3285人増加）とい

※5 石川信一・山下朋子・佐藤正二 2007 児童生徒の社会的スキルに関する縦断的研究『カウンセリング研究』40、38-50

ストレス反応

気になる子

周りの子

課題
● 自尊感情の低さ
● ソーシャルスキルの乏しさ

う結果が示されています。同調査におけるいじめ認知の中で、最も多い態様は、「悪口、嫌なことを言われる（64・5％）」であることも明らかになっています。私自身、学校現場を訪問すると、通常学級に在籍する「気になる子」の問題が先生方の悩みの声として多く届けられるのは、「気になる子」のみならず、周りの子の自尊感情、ソーシャルスキルの乏しさに課題があるのではないかと感じています。これらの調査結果や学校現場の現状を鑑みると、自尊感情が低く自分にOKと言えない、人とスムーズにかかわるコツ・技術（ソーシャルスキル）を十分にもち得ない子どもは周りの子どもを頻繁に傷つけることになるであろうことが推察されます。更に、この学校不適応、「気になる子」の問題をストレス反応（不機嫌・怒り感情、抑鬱・不安感情、無気力、身体的反応）の視点から考察すると、例えば、不機嫌・怒り感情の高まった子どもはいじめを引き起こしやすく、「気になる子」にいらぬちょっかいを出す、抑鬱・不安感力、身体的反応の高まった子どもは不登校に陥りやすいと言えるのではないでしょうか。

以上述べてきた、「自尊感情」「ソーシャルスキル」「ストレス反応」という三つのキーワードについて、それらの関係性を私自身の研究(曽山 2010)の中で見てみます。

《参考文献》
● 日本青少年研究所 2011 高校生の心と体の健康に関する調査
● 文部科学省 2015 児童生徒の問題行動等生徒指導上の諸問題に関する調査
● 曽山和彦 2010 児童のメンタルヘルスに影響を及ぼす要因の抽出『名城大学教職センター紀要』7、13-24

児童のメンタルヘルスに影響を及ぼす要因の抽出

研究

- 項目は22項目となった（元の項目より3項目削除）。
- ストレス反応尺度…三浦ら（1995）の中学生用ストレス反応尺度を用いた。対象が小学生ということもあり、得られたデータをもとに、因子分析（主因子法、バリマックス回転）を行い、因子負荷量.40以下の項目を削除しながら検討を加えた結果、三浦らと同様の4因子が抽出され、項目は22項目となった（元の項目より2項目削除）。

（1）対象
東海地方の公立小学校に在籍する5、6年児童220人。そのうち、質問紙調査における欠損値のない194人（5年生119人、6年生75人）分のデータを分析の対象とした。

（2）調査時期
質問紙調査は、2009年1月に実施した。

（3）質問紙の構成
児童の自尊感情、ソーシャルスキル、ストレス反応を測定する以下の尺度から質問紙を構成した。

- 自尊感情尺度…Rosenberg（1965）尺度10項目をそのまま使用した。
- ソーシャルスキル尺度…戸ヶ崎ら（1997）の中学生用社会的スキル尺度を用いた。対象が小学生ということもあり、得られたデータをもとに、因子分析（主因子法、バリマックス回転）を行い、因子負荷量.40以下の項目を削除しながら戸ヶ崎らと同様の3因子が抽出され、

（4）ストレス反応を従属変数とする重回帰分析の結果

自尊感情とソーシャルスキルのストレス反応に対する影響は、決定係数が.36であることから、自尊感情とソーシャルスキルの2要因によりストレス反応を36％の率で説明できることが明らかになった。分散分析結果はF（2,191）＝54.24で、1％水準で有意であった。標準偏回帰係数については、自尊感情（$\beta = -.23$）が有意な負の影響力（t＝－3.34, $p < .01$）、ソーシャルスキル（$\beta = -.45$）も有意な負の影響力（t＝－6.55, $p < .01$）をもつことが示された。係数の大きさから、ストレス反応に対して自尊感情よりもソーシャルスキルの方が大きな影響を与えていることが考え

られた。「自己評価の感情」である自尊感情よりも、「対人関係のコツ」であるソーシャルスキルに対する働きかけの方が、ストレス反応抑制に影響を及ぼすということである。重回帰分析に基づくパス解析図を左に示す。なお、独立変数である自尊感情とソーシャルスキルの相関も示してある（中程度の正の相関「＝.53, $p < .01$）。

ストレス反応に対するパス図

自尊感情 → ストレス反応　−.23　.36
ソーシャルスキル → ストレス反応　−.45
自尊感情 ↔ ソーシャルスキル　.53

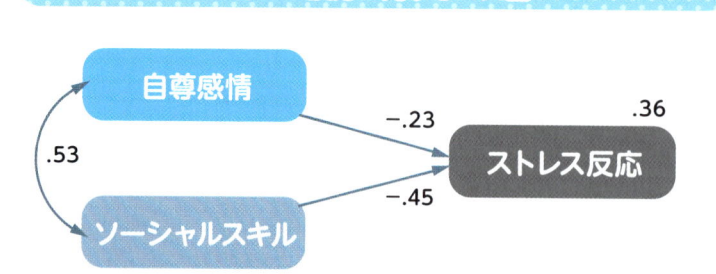

p<.05の投入基準で有意なパスのみを記載した。図中の双方向矢印の数値はPearson相関係数、片方向矢印の数値は標準偏回帰係数（β）、従属変数の右上に記載した数値は、決定係数（説明率）R^2 である。

（5）考察

本研究では、児童のストレス反応に影響を及ぼす要因として、先行研究の知見から、自尊感情とソーシャルスキルの2要因を設定し、分析を行った。重回帰分析の結果からは、自尊感情とソーシャルスキルの2要因でストレス反応の36％を説明できることが明らかになり、これら2要因に対するアプローチがストレス反応改善の指標になり得ることが示唆された。2要因のうち、ストレス反応への影響がより強いのはソーシャルスキルであること、2要因間には正の相関があることから、児童に対してはソーシャルスキルを高めるアプローチが重要であり、ソーシャルスキルの向上にあわせて自尊感情もまた向上することも示唆された。ソーシャルスキルを高めるアプローチとしては、これまで学校現場では多くの実践研究がなされている（藤枝2006、河村ら 2007）。学校不適応に対する予防的なアプローチとしてのSST実践の意義が、本研究のデータからも改めて確認されたと考えられる。

川島（※）は、子どもの社会性の発達を調査・研究し、10歳前後で社会性の質的変化が生じるということから、「10歳までは教えるべきことを教える」「10歳からは教えることの中にしだいに考えさせることを含めていく」ことの必要性を提言している。川島の研究から10年以上が経過した現在、子どもを囲む環境は以前とは比較できないほどの変容を示している。「時間・空間・仲間」の「三間の消失」という言葉がその変容を象徴的に示すものであろう。そうした環境下、子どもが人とかかわる機会は以前にも増して乏しくなり、その結果、「体験を通して身につけた人づきあいのコツ」であるソーシャルスキルが低下するのは必然と思われる。それゆえ、川島が社会性の観点で指摘した「10歳までは教えるべきことを教える」という言葉もまた、今では、「小学生段階では教えるべきことを教える」という指摘に修正する必要があるのではないだろうか。このように、本研究の結果及び先行研究の知見からは、子どものソーシャルスキルを高めるアプローチが学校不適応の予防や通常学級に在籍する「気になる子」が溶けこむ集団づくりに向けた具体方策の一つとして、今まさに学校現場で求められていることが明らかに示されたのではないかと考えられる。ソーシャルスキルの向上に合わせて自尊感情もまた向上するということを念頭に、教師は「ソーシャルスキルをどのように育むか」という視点で、子どもたちに向き合っていくことが、今、求められている。

《引用文献》
※ 川島一夫 1997 『発達を考えた児童理解・生徒指導』福村出版 19

《参考文献》
●Rosenberg, M（1965）Society and the adolescent self-image. Princeton University Press, Princeton, NJ ／星野命訳 1970 感情の心理（1・2）『児童心理』24、1264-1283、1445-1477
●戸ヶ崎泰子・岡安孝弘・坂野雄二 1997 中学生の社会的スキルと学校ストレスとの関係『健康心理学研究』10（1）、23-32
●三浦正江・福田三奈子・坂野雄二 1995 中学生の学校ストレッサーとストレス反応の継時的変化『日本教育心理学会第36回総会発表論文集』555
●藤枝静暁 2006 小学校における学級を対象とした社会的スキル訓練および行動リハーサル増加手続きの試み『カウンセリング研究』39、218-228
●河村茂雄・品田笑子・藤村一夫 2007 『いま子どもたちに育てたい学級ソーシャルスキル 小学校低学年』図書文化

現代の子ども支援の基本方策

学校は人を人にする最後の砦！

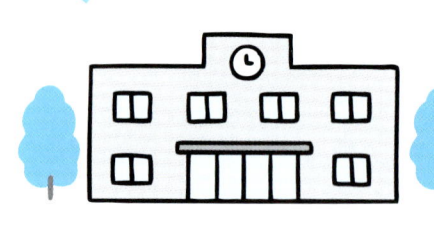

教師と子ども、子ども同士の「関係づくり」が子どもを人として育てていきます。

これまでに述べてきた研究・知見等をもとに、改めて現代の子どもの姿を整理します。

- 自尊感情が低く、ソーシャルスキルが乏しい子どもたち。
- 自尊感情が低い子どもは自分にOKと言いにくく、なおかつ他者に対しては尚更OKと言いにくい。
- ソーシャルスキルが乏しい子どもは他者を傷つけやすい。
- 自尊感情が低く、ソーシャルスキルが乏しい子どもはストレス反応（不機嫌・怒り感情、抑鬱・不安感情、無気力、身体的反応）を引き起こしやすい。
- 児童の場合、ソーシャルスキルの方が自尊感情に比べ、ストレス反応への影響が強い。
- 自尊感情が低い子どもはソーシャルスキルも乏しい。

こうした子どもの姿から見えてくる支援の基本方策は、「自分にOKと言えるようにする」「対人関係のコツ・技術を身につけさせる」ということ、つまり、自尊感情とソーシャルスキルを育むということになります。特に、児童に対してはソーシャルスキルを高めるアプローチが重要であり、ソーシャルスキルの向上に合わせて自尊感情もまた向上することが示唆されています。

では、具体的にどのようにすれば、子どもの自尊感情、ソーシャルスキルを育むことができるのでしょうか。自尊感情、ソーシャルスキルはどちらも人と人とのかかわりを通してしか育むことはできません。それゆえ、人が集まる場としての学校・学級を活用し、教師と子ども、子ども同士の「関係づくり」を通して、自尊感情とソーシャルスキルを育み、子どもを「人」にするアプローチが基本方策となります。

矢作北小同様の具体実践〈参考文献〉
- 曽山和彦　2010　『時々、"オニの心"が出る子どもにアプローチ　学校がするソーシャルスキル・トレーニング』明治図書
- 曽山和彦　2011a　継続的なソーシャルスキル・トレーニングが学級適応に及ぼす効果―朝の会・帰りの会を活用したショートプログラムの実践―『日本カウンセリング学会第44回大会発表論文集』113
- 曽山和彦　2011b　小学校における継続的なソーシャルスキル・トレーニング実践とその効果『教育カウンセリング研究』4、37‐46
- 曽山和彦・武内早奈美　2012　ショートプログラムによる継続的なソーシャルスキル・トレーニングが学級適応に及ぼす効果『名城大学教職センター紀要』9、27‐34
- 曽山和彦・木原明子　2013　朝の会を活用した短時間のグループ体験が小学校1年児童の学級適応に及ぼす効果～れん友タイムの実践『名城大学教職センター紀要』10、27‐34
- 曽山和彦　2014　小学校5年児童を対象とした短時間グループ アプローチの実践『名城大学教職センター紀要』11、27‐33
- 曽山和彦・加藤多恵子　2015　通常学級に在籍する「気になる子」の学級親和を促す支援『日本特殊教育学会　第53回大会発表論文データ』ポスター発表p20-1

「関係づくり」の3ステップ

これまで、そして、現在も各地の学校の実践に携わり、私自身「学ばせてもらった」と強く感じる学校が多くあります。その中でも特に、本書の主題である「関係づくり」の実践として優れていると感じたのが、平成21年6月24日（水）[平成19・20・21年度　岡崎市教育委員会研究嘱託　研究発表会」を開催した愛知県岡崎市立矢作北小学校（以下、矢作北小）の実践です。当日、500人を超える参加者が「驚きと感動の声」をあげるほど、キラキラと輝く笑顔で授業に向かっていた子どもたちの姿は今でも忘れられません。そうした子どもたちを育んだアプローチの一つが「SSTタイム」……矢作北小の先生方が一枚岩となって創り上げたオリジナルのかかわり活動です。私は「この実践を全国各地に伝えたい」と考え、その思いが、『時々、"オニの心"が出る子どもにアプローチ　学校がするソーシャルスキル・トレーニング』（曽山 2010）という「形」になりました。その後、「矢作北小のような実践に取り組みたいので指導助言をお願いしたい」という依頼を受け、三重県亀山市立神辺小学校、石川県小松市立蓮代寺小学校、三重県いなべ市立藤原中学校、三重県東員町立城山小学校、愛知県刈谷市立依佐美中学校などに、矢作北小同様の成果を矢作北小にスーパーバイザーとしてかかわってきています。いずれの学校の実践も矢作北小同様の成果を生み、その多くは上記論文（曽山 2011a、2011b、2014、曽山・武内 2012、曽山・木原 2013、曽山・加藤 2015）にまとめてありますので、具体実践について関心のある方は各論文をご覧ください。

矢作北小以降、複数の学校の実践に携わる中で、「こうすれば、教師と子ども、子ども同士の『関係づくり』がうまくいく」という共通事項が明確になってきました。そこで、前著『王道ステップ』同様、「王道＝最も正統的な道」（明鏡国語辞典）の意に添い、「関係づくり」の基本ステップを3段階に整理しました（ステップの詳細は第2章にて）。

ステップ1 「一枚岩」の体制をつくる

ステップ1は、「『一枚岩』の体制をつくる」です。

「子どもを育てたい」という思いは、教師であれば誰もが心の中に強くもっているものですが、そのアプローチの方法は教師個々人にさまざまです。個人塾経営者ならば、自分が考える最良の方法で子どもに向き合えばよいでしょう。しかし、学校は個人経営の塾ではありません。学校の構成メンバーである全教師が思いをすり合わせ、一つのチームとして子どもに向き合わなければ、子どもの育ちは停滞してしまいます。アプローチ方法を話し合う際、「なじむ、なじまない」という感情が、誰の心の中にも湧き上がってくるものです。その時、子どもたちに「協力」の大切さを説く私たち教師がお互いの考えをすり合わせながら、全校で「一枚岩」の体制をつくることができないならば、それは「教育のプロ」として恥ずかしいことではないでしょうか。自他を尊重する「アサーション（さわやかな自己主張）」のスキルを駆使して、話し合いを重ねた後には、是非、皆で次のような言葉をかけ合いたいものです。

「今年はこれでいきましょう」
「1年やってみてうまくいかなかったら、またみんなで智恵を出し合いましょう」

かつて附属校の研究主任をしていた私は、研究の「一枚岩」をつくることができたという実感がありました。それは当時の同僚が皆、「教育のプロ」だったから……。今は管理職等の役職に就き、学校現場で奮闘している同僚の顔を懐かしく思い出します。

私たち教師が「教育のプロ」として胸を張るには、「授業ができる」「学級経営ができる」等だけではなく、お互いの考えをすり合わせ「一枚岩になることができる」ということも欠かせない……私はそのように考えています。

ステップ2 「関係づくりの花火」を打ち上げる

ステップ2は、「『関係づくりの花火』を打ち上げる」です。

現代の子どもたちの多くが抱える「自尊感情の低さ、ソーシャルスキルの乏しさ」という課題解決に向け、教師と子ども、子ども同士の「関係づくり」が大きな効果を生むということを、私は、矢作北小以降の複数の学校の実践から学びました。「関係づくり」を促進するアプローチを、専門用語では「グループアプローチ」と呼びます。グループアプローチの研究・実践者である野島氏は、グループアプローチを次のように定義しています。

自己成長をめざす、あるいは問題・悩みをもつ複数のクライエントに対し、一人または複数のグループ担当者が言語的コミュニケーション、活動、人間関係、集団内相互作用などを通して心理的に援助していく営み (※6)

この定義を、学校・学級をイメージし、私自身がなじむ言葉に置き換えるならば、「教師がさまざまなかかわり活動（関係づくり）の場を用意し、子どもを『人』として育むためのアプローチ」となります。

数多くあるグループアプローチの中で、今、学校現場で比較的多く活用されているのは、「構成的グループ・エンカウンター (Structured Group Encounter=SGE)」、以下SGE」「ソーシャルスキル・トレーニング (Social Skills Training=SST)、以下SST」の二つではないかと考えます。各出版社から刊行されている『エクササイズ集』等が多いことからも、学校現場のニーズの高さが推察されます。私自身は、SGEを柱とする教育カウンセリングについて、國分康孝先生（東京成徳大学名誉教授）、國分久子先生（青森明の星短期大学客員教授）のご指導を受けたことから、SGEは、活用するグループアプローチの核として位置づいています。

※6　野島一彦編集　1999　グループ・アプローチへの招待　『現代のエスプリ』至文堂、385、5-13

これらのグループアプローチから、各学校・教師がなじむものを選択し、「関係づくりの花火」として定期的に「打ち上げる」……これがステップ2となります。

ステップ3 「関係づくりの火」を灯し続ける

ステップ3は『「関係づくりの火」を灯し続ける』です。

せっかく打ち上げた「関係づくりの花火」も、その火がずっと灯り続けるわけではありません。私自身の反省として、今、強く後悔しているのは、学級活動等でSSTやSGEに取り組んでも、「その時、その場」だけのやりっ放しにしてしまったことが多かったのではないかということです。「うなずき」というソーシャルスキルをターゲットにしてSSTの演習に取り組んだとしても、うなずきがすぐに身につくわけではありません。「自己受容」をねらい、いいとこ探し等のSGEの演習に取り組んだとしても、それまで自分に自信がなかった子どもが、突然、「自分にOK」と言えるはずもありません。さまざまなソーシャルスキルが身体になじみ、自分自身にバランスよく「OK」と言葉をかけることができるようになるには、繰り返して「うなずき」「自己受容」の機会に身を置くしかありません。心理学用語でいう「強化」「般化」が必要になります。

それでは、そうした「強化」「般化」を学校生活のどこで行えばよいのでしょうか？　授業、休み時間、清掃時間、部活動等、さまざまな機会を捉えて「強化」「般化」は可能ですが、学校生活の中で子どもたちが最も多くの時間を過ごす「授業」の場面こそ、「関係づくりの火」を灯し続ける機会として捉えたい……私は、今、そのように考えています。「関係づくりの火」を灯し続けるアプローチ……これがステップ3となります。

各教科・領域の授業のねらいという「本流」を乱すことなく、「関係づくりの火」を灯し

体験

私とエンカウンターとの「出会い」

数多くあるグループアプローチの中で、私にとっての「ベストワン」は、構成的グループ・エンカウンター（Structured Group Encounter＝SGE。以下、SGE）です。今、私が「自己実現」できていると感じるのは、SGEに出会ったから…と言っても過言ではありません。E・シャインの「キャリアアンカー」概念（田島 2001）によるならば、私が人生という航海の中で出会い、見出した「アンカー」（碇）がSGE。そして今、私は大学教員というSGE。「素晴らしい港」にたどり着き、アンカーを下ろして停泊中…と言えそうです。

SGEとの「出会い」

私は平成10（1998）年4月、秋田県内の病弱養護学校に教諭として異動しました。不登校傾向のある中学生を前に、思いどおりの学級経営、授業ができず、悪戦苦闘の日々だったことが思い出されます。当時、校内では数名の先生方が中心となり、SGEの実践が行われていました。私が最初にSGEに抱いた印象は、「こんなゲームに何の意味があるのか？」というネガティブなもの。しかし、その思いが、ポジティブなものに転じたのは、学級活動の時間に、「君の人生ハウマッチ？」（仕事）「友人」「趣味」等の項目に値段をつけ、皆で話し合う）という演習を行ったときです。普段、なかなか学習に意欲的に向かえなかった生徒たちが、目をキラキラさせて楽しそうに取り組んだのですから驚きました。その時を機に、「ただのゲームではないな」「SGEを専門的に学びたい」という思いが強くなり、翌年、現職教員派遣制度により、秋田大学大学院にて研究の機会を得ました。

SGE研究との「出会い」

学校現場を1年間離れ、全ての時間を研究に充てることができたのは、本当に幸せなことでした。教職経験15年を経過した時期であり、それまでの実践を理論によって整理することができたという意味でも、貴重な1年間でした。大学院では、谷口清先生（現文教大学教授）、本間恵美子先生（現新潟青陵大学教授）のお二人に師事しました。先生方から、それぞれ毎週1回ずつ研究指導を受け、修士論文「構成的グループ・エンカウンターを用いた不登校生徒のストレスマネジメント」を書き上げることができました。懇切、丁寧にご指導をいただいた谷口先生、本間先生には心から感謝しています。

SGE宿泊ワークショップとの「出会い」

本間先生からの紹介を受け、大学院1年次の夏（1999年8月4日～8月6日）、岩手県、繋温泉での宿泊ワークショップに参加しました。私にとって、正式な「SGE体験デビュー」であるとともに、國分康孝先生に初めてお会いした忘れられないワークショップです。当時の日記を紐解くと、私は次のように綴っています。

● 8月4日…初参加のワークショップは午後1時開始。國分康孝先生に初めてお会いした。パワフルで、かつ、包み込むような優しさの感じられる先生。信頼関係をねらったエクササイズでスタート。とても良い感じ。夜のキャンドルトークはすてきだった。

● 8月5日…ワークショップ二日目は一日いっぱいエンカウンターづけ。エクササ

イズ」「三人の木」「心理劇」「ライフライン」。エクササイズの取り組みに、気持ちが重くなる人がいた様子だったが、私自身はそうでもなく、楽しい時間を過ごすことができた。

● 8月6日…ワークショップ最終日。朝から少しセンチメンタルな気分。とてもいい仲間、離れがたい仲間だった。エクササイズ…「別れの花束」は思わず涙がこぼれそうになった。メンバーが自分のことを認めてくれる言葉の一つひとつがとてもうれしかった。いつか再会したい38人の仲間たち。

私は、初めから「國分先生に惹かれていたのだなあ」と改めて振り返っています。

國分康孝先生の講義との「出会い」

平成12（2000）年2月20日〜23日までの4日間、岩手大学大学院にて開催された國分先生の特別講義は、私にとって「人生の宝」とも言えるすばらしい時間でした。当時、岩手大学にお勤めの河村茂雄先生（現早稲田大学教授）のご厚意により、國分先生のご講義を拝聴することができました。河村先生には感謝の気持ちでいっぱいです。私の当時の日記には4日間の感想が次のように綴られています。

● 2月20日…岩手大の河村茂雄先生に温かく迎え入れていただき、研修スタート。10時半からすごい講義だった。カウンセリング理論、本当に勉強になった。夜は國分先生を囲む会にも参加させていただいた。

● 2月21日…集中講義二日目。参加者は40人を超えていた。論理療法による実際のカウンセリングを見ることができ、うれしかった。

● 2月22日…集中講義三日目。この日のメインはエンカウンターの歴史にふれたり、実習を行ったり…。夜、國分先生を囲む養護教諭の会にも参加させていただき、先生からは名刺をいただき、写真も一緒に撮っていただいた。

● 2月23日…集中講義最終日。岩手大学で学んだ4日間はこれまでの人生でもトップクラスの時間だった。

國分先生の講義は全9コマ。私は先生の言葉の一字一句を聞き逃すまいとして、必死にノートをとり、用意した5冊の大学ノートが全て文字で埋まったほどでした。講義記録は、先生の許可をいただき、私の

SGE学習会との「出会い」

平成12（2000）年6月には、秋田県教育研究グループ奨励事業の補助を受け、「秋田・学校におけるカウンセリングを考える会」を設立しました。「考える会」では、本間恵美子先生門下の私、佐藤さゆ里さん（秋田県横手市不登校適応指導「南かがやき教室」専任指導員）他が中心になり、月に1回のペースでSGEを核に据えた学習会を開催しました。具体的な内容として、不登校やいじめ、学級崩壊等、学校現場で起きている問題の予防・解決に向け、教師が使えるカウンセリングに焦点を当て、仲間とともに学びを深めました。

「考える会」は、私の転職・転居に伴い、平成20（2008）年からは拠点を名古屋に移し、名称も「学校におけるカウンセリングを考える会」（http://www.pat.hi-ho.ne.jp/soyama）と改めました。設立当初のねらいを踏襲し、定期学習会、宿泊学習会、教育カウンセリング講演会等

ホームページ（http://www.pat.hi-ho.ne.jp/soyama/skillup/skillup.html）にアップしてあります。

参考 ～その他のグループアプローチ～

エンカウンター以外にもさまざまなグループアプローチがあります。以下、そのいくつかの概要について紹介します。詳細について関心のある方は引用文献をご確認ください。

- **心理劇**…心理劇とは、個人に焦点を当てる「サイコドラマ」、集団の課題に焦点を当てる「ソシオドラマ」、役割機能の発展をめざす「ロールトレーニング」（教育領域では「ロールプレイ」）を総称した呼び方。いずれの方法もアクションを基盤に置く点が共通 (※1)。

- **Tグループ**…トレーニンググループの略称。狭義のTグループは、方法的な明確さをもったグループセッションの呼称。広義のTグループは、セッションとしてのTグループを中心的な学習の場として組み立てた対人関係のトレーニングのプログラム全体を指す呼称 (※2)。

- **ソーシャルスキル・トレーニング**…ソーシャルスキルとは、人との関係を円滑に進めるための行動や技術のことであり、

ソーシャルスキル・トレーニングとは、「他者と効果的やりとりをする技能を身につけ、これによって社会的な有能感を高めることを目指して行われる訓練」のことである (※3)。

- **対人関係ゲーム・プログラム**…学級集団の人間関係づくりの技法。児童生徒が学級集団に入る不安・緊張と同時に、学級のメンバー側の受け入れる不安・緊張を緩和するために、身体運動反応と楽しいという情動反応を活用する (※4)。

- **グループカウンセリング**…メンバーのパーソナリティと行動の改善・変化をもたらすことを第一義的な目的として、保護された集団内での相互作用によって生じるプロセス。通常5～10人のメンバーと1～2人のカウンセラーで構成され、1セッション90～120分、週1～2回行われる (※5)。

〈引用文献〉
※1　高良聖　1999　『心理劇　野島一彦編　グループ・アプローチへの招待：現代のエスプリ』至文堂、23
※2　山口真人　1999　『Tグループ　野島一彦編グループ・アプローチへの招待：現代のエスプリ』至文堂、32
※3　魏孝棟　2011　ソーシャルスキル・トレーニング　松原達哉編『カウンセリング実践ハンドブック』丸善株式会社、174
※4　田上不二夫　2003　『対人関係ゲーム・プログラムのめざすもの　田上不二夫編　対人関係ゲームによる仲間づくり』金子書房、3
※5　伊藤義美　2011　グループカウンセリング　松原達哉編『カウンセリング実践ハンドブック』丸善株式会社、46

〈参考文献〉
● 田島聡　2001　キャリア・アンカーとは何か　片野智治編『エンカウンターで進路指導が変わる』図書文化、93

を開催しています。皆さんとの「出会い」を楽しみにしています。

エンカウンターをはじめとするさまざまなグループアプローチ…。皆さんは、何に「出会う」でしょうか？

私は何に出会うかな？

第2章

依佐美中学校の実践に学んだ
「関係づくり」の3ステップ

「関係づくり」の3ステップを実践
～先行実践に学ぼう！～

職員室

う〜ん

先日の研究発表会の時、教師が一丸となって子どもたちとの関係づくりに取り組む様子を目の当たりにした希実先生。自分の学校では、教師一人ひとりの意識にバラツキがあるのではと思いはじめ……

先日の研究発表会での授業、学校全体が一つの目標に向かって団結している感じがして、すごくまとまりがあったなぁ〜

一方校長室でも…

これでいいのだろうか…？

それに比べ、うちの学校は……。

う〜ん

先生たちのやる気はあるのだけど、何かまとまりに欠けるような……

何かいい手だてはないのだろうか？

う〜ん

会議中

何か意見は、ありませんか？

私は、そのやり方には反対です。

私は、時間がとれないのでちょっと……

なんでこう、まとまりがとれないのだろう？

26

それならまず、「一枚岩」の体制づくりから始めてみましょう！
わっ 曽山先生!!
「一枚岩」の体制づくりってどういうことですか？
一枚岩の体制づくりとは、教師一人ひとりの寄せ集めの集団でつくる体制ではなく、学校という全員が集まった丈夫な「一枚の岩」としての体制をつくることです。
なんだか大変そうなかんじですけど、私たちでもできるんですか？
先生方が日常的に負担感なく取り組める活動を提案すれば大丈夫ですよ。
負担感なく取り組める活動ならば、先生方もきっと賛成してくれますね。
うんうん
見事に「一枚岩」を創り上げた中学校があるので、その実践をお伝えします！
さぁ、まずは「一枚岩」をつくるための体制の方策をみてみましょう！

本章では、教室でできる「関係づくり」の3ステップの具体的な内容について述べます。

具体事例の提供校は、愛知県刈谷市立依佐美中学校（稲生修一校長。以下、依佐美中）。津田節代前校長からの依頼を受け、平成23年度から4年間、私がスーパーバイザーとして「関係づくり」実践に携わった学校です。最終年度の平成26年度全生徒数は770人（通常学級7学級758人、特別支援学級12人）。通常学級22学級、特別支援学級3学級。学年別生徒数・学級数は1年生259人・8学級、2年生243人・7学級、3年生256人・7学級。教員数は42人。刈谷市内では3番目に大きな規模です。

依佐美中では、平成26年10月15日、[平成25・26年度刈谷市教育委員会研究指定研究発表会]を開催し、全国各地から参会した約500人の先生方に、4年間の「関係づくり」の実践成果を披露しました。会を終えた夜、私は自身のブログ (http://kazuencounter.blog.fc2.com/) に次のように綴っています。

〈曲を創ることは学校・学級づくりに似ている〉
生徒の生き生きとした表情、育て上げた先生方…すばらしい会でした。相手の音を聴き、自分の音を出して一つの曲を創るオーケストラ。生徒の演奏を聴き、「依佐美中全体がオーケストラ！」…そう感じた1日。

「相手の音を聴き、自分の音を出す」とは、「相手の意見を聴き、自分の意見を述べる」ということ……そうした生徒の姿を見ることができた私は幸せです。すばらしい生徒を育て上げた依佐美中の実践を核に、私が提唱する「関係づくり」の3ステップを解説します。

ステップ1 「一枚岩」の体制をつくる

校内研修等の機会に学校を訪問すると、先生方の「全校共通に実践を進めることが難しい」という声を耳にすることが多くあります。基本的には「人格の完成を目指す」という教育の目的（教育基本法第一条）を忘れさえしなければ、教師個々の指導観により、日々、子どもの前に立てばよいでしょう。しかし、子どもの実態把握から「この力こそ育てたい」という共通のものが見えてきたならば、学校というチームの構成員である教師は誰もがその声に耳を傾ける必要があります。勝手な思い込みではなく、全国各地の先行実践に学んだうえでのアプローチであるならば、共通に取り組むアプローチとして効果を生む可能性は十分にあります。それでも、「どのようなアプローチも万能ではない」という視点を忘れず、定期的な検証、具体的にはお互いの声を聴き合う機会を設けることで、学校という「船」が危険な潮流に入ることを避けることができるでしょう。

教師という一つひとつの石が寄せ集まっただけでは脆さがあります。しかし、学校という「一枚岩」に全員が乗ったならば、その「岩」はそう簡単に割れるものではありません。

本章で紹介する依佐美中が創り上げた「一枚岩」の実践とは、毎週一回10分間行う短時間のグループアプローチである**よさっぴタイム**、および各教科等の授業中に取り入れる小グループでの話し合い活動である**よさっぴトーク**のことです。

ステップ1では、依佐美中がどのようにして「一枚岩」を創り上げたのかということを検証するとともに、「一枚岩」づくりの具体方策を紹介します。

全校共通の実践・研究に向かうことができた理由（一部）

- 校長先生の「みんなでやろう」という声かけがとても励みになったから。
- 日頃から「チーム依佐美」を胸にさまざまなことに取り組み、研究発表に向けても皆がチームとして動くことができたから。
- 主題全体会で各部会の話し合いの場と発表の場を設け、職員の意識を高め共通理解を図ることができたから。
- 各部会の話し合い、報告という流れで、トップダウンではなく自分たちで実践を創り上げている意識になれたから。
- 毎週継続的に「よさっぴタイム」を実施することで、常にその目的・意義を考える機会になっていたから。
- ベテランの先生方の研究に対する前向きな姿勢が若手の先生たちに影響を与えたから。
- 校長をはじめ、上の立場の方が忙しい中がんばっているのがよく見えるので、自分もついていこうと思えたから。
- 「よさっぴタイム」を時間割に組み込み、全校いっせいで行ったことで、学校を挙げて行っている感覚になったから。
- 現職研修で我々自身がSSTの楽しさを実感できたから。
- 4月のスタート時に研究方針を全職員で確認し、「よさっぴタイム」のやり方を皆で体験する研修を行ったから。
- 現在の生徒の実態がはっきり出され、それを改善するための方法を考えればいいということが明確だったから。
- 「よさっぴタイム」のルールは三つ。これを全員が徹底したから。
- 「よさっぴタイム」は10分という短い時間で取り組むので、それほど負担を感じることなく継続可能であったから。
- 「よさっぴタイム」を継続するうちに、「生徒が変わってきた」「部活動、生徒指導にも活かせる」等を実感できたから。
- 曽山先生が実践に向かう理論的な裏付けをしてくださったから。

◆教師への自由記述アンケートから

依佐美中では、平成26年10月に4年間の研究成果を発表する場として研究発表会を開催しました。そして、会終了後の12月、依佐美中の全教師42人を対象に、「全校共通の実践・研究に向かうことができた理由」を問う自由記述アンケートを実施しました。回答の一部を掲載します。

◆「一枚岩」になるための具体方策

依佐美中の先生方からの自由記述を、KJ法により分類すると、「一枚岩」になる方策として、次の五つの柱が立ちます。

① 常に「チーム〇〇」と意識づける
② 管理職、ミドルリーダーが自ら「してみせる」
③ 目的達成に向けた手段は「シンプル・面白い・ためになる」ものとする
④ やると決めたことは全員で徹底する
⑤ 外部の専門家を活用する

以下、各項目について具体的に説明します。

① 常に「チーム〇〇」と意識づける

先生方からは、「校長先生の『みんなでやろう』という声かけがとても励みになったから」「日頃から『チーム依佐美』を胸にさまざまなことに取り組み、研究発表に向けても皆がチームとして動くことができたから」等の

依佐美中の主題全体会

● 主題全体会での確認資料

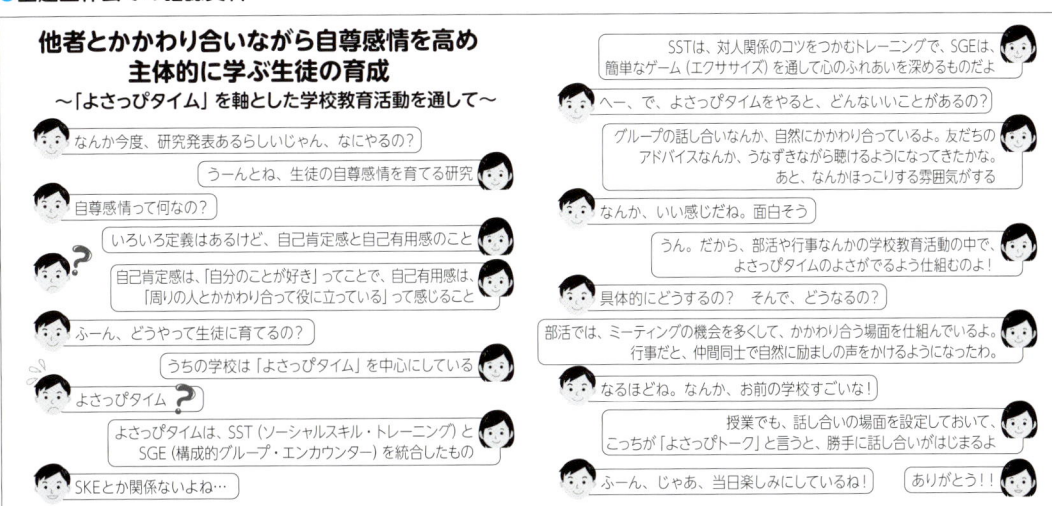

**他者とかかわり合いながら自尊感情を高め
主体的に学ぶ生徒の育成**
～「よさっぴタイム」を軸とした学校教育活動を通して～

- なんか今度、研究発表あるらしいじゃん、なにやるの？
- うーんとね、生徒の自尊感情を育てる研究
- 自尊感情って何なの？
- いろいろ定義はあるけど、自己肯定感と自己有用感のこと
- 自己肯定感は、「自分のことが好き」ってことで、自己有用感は、「周りの人とかかわり合って役に立っている」って感じること
- ふーん、どうやって生徒に育てるの？
- うちの学校は「よさっぴタイム」を中心にしている
- よさっぴタイム？
- よさっぴタイムは、SST（ソーシャルスキル・トレーニング）とSGE（構成的グループ・エンカウンター）を統合したもの
- SKEとか関係ないよね…
- SSTは、対人関係のコツをつかむトレーニングで、SGEは、簡単なゲーム（エクササイズ）を通して心のふれあいを深めるものだよ
- へー、で、よさっぴタイムをやると、どんないいことがあるの？
- グループの話し合いなんか、自然にかかわり合っているよ。友だちのアドバイスなんか、うなずきながら聴けるようになってきたかな。あと、なんかほっこりする雰囲気がする
- なんか、いい感じだね。面白そう
- うん。だから、部活や行事なんかの学校教育活動の中で、よさっぴタイムのよさがでるよう仕組むのよ！
- 具体的にどうするの？ そんで、どうなるの？
- 部活では、ミーティングの機会を多くして、かかわり合う場面を仕組んでいるよ。行事だと、仲間同士で自然に励ましの声をかけるようになったわ。
- なるほどね。なんか、お前の学校すごいな！
- 授業でも、話し合いの場面を設定しておいて、こっちが「よさっぴトーク」と言うと、勝手に話し合いがはじまるよ
- ふーん、じゃあ、当日楽しみにしているね！
- ありがとう！！

● よさっぴプロジェクト実践6部会

（中央：よさっぴタイム／授業・生徒指導・部活・行事・給食清掃・学級経営）

依佐美中では学校教育全般を通して主題に迫るため、学校の教育活動を「授業」「学級経営」「部活」「給食清掃」「行事」「生徒指導」の六つに分け、「よさっぴプロジェクト実践6部会」を設置した。毎月部会ごとに、全校で取り組んでいく目標や内容を具体的に決めて提示した。

＊中央のカモメは、依佐美中のイメージキャラクターです。

声があがっていました。

依佐美中が「チーム依佐美」として動くことができるようになったのは、リーダーである校長先生の声かけとともに、定期的に開催された「主題全体会」の存在が大きいと思われます。「主題全体会」で各部会の話し合いの場と発表の場を設け、職員の意識を高め共通理解を図ることができたから「各部会の話し合い、報告という流れで、トップダウンではなく自分たちで実践を創り上げている意識になれたから」という声が、そのことを物語っています。

主題全体会を経て、「チーム依佐美」を意識づけるために、研究主任が作成した資料「よさっぴプロジェクト実践6部会」をご覧ください。このような丁寧な積み上げが、やがて大きな成果へとつながります。

② 管理職、ミドルリーダーが自ら「してみせる」

先生方からは、「ベテランの先生方の研究に対する前向きな姿勢が若手の先生たちに影響を与えたから」「校長をはじめ、上の立場の方が忙しい中がんばっているのがよく見えるので、自分もついていこうと思えたから」等の声があがっていました。

元中学校長である門脇氏は、勤務校の実践が「一枚岩」になった経験を振り返り、「学校には校長、教頭とは別に中堅の旗振りが必要です。先頭に立って、額に汗するベテランが必要です」と述べています（※1）。依佐美中では、まさにその「旗振り役」が教務主任、研究主任であり、その他「額に汗する」ベテランの先生方が「してみせる」ことを日常的に行っていたからこそ、その背中を見続けた若手の先生方が育ち、「一枚岩」となり得たのでしょう。

③ 目的達成に向けた手段は「シンプル・面白い・ためになる」ものとする

先生方からは、「『よさっぴタイム』の内容がシンプルで、誰もが行える手軽なものだったから」「現職研修で我々自身がソーシャルスキル・トレーニングの楽しさを実感できたから」「よさっぴタイム」を継続するうちに、『生徒が変わってきた』等を実感できたから」等の声があがっていました。

私はかつて病弱養護学校に勤務していた時、生徒の「関係づくり」のために、構成的グループ・エンカウンターを活用した学級活動を行ったことがありました。当時、私の頭の中には「エンカウンターは絶対に面白いし、ためになる」という考えのみがあり、時間的・内容的な「シンプル」という視点は抜け落ちていました。その結果、人とのかかわりが苦手な生徒には精神的な苦痛を与え、教材等の準備に多くの時間を割かれた私自身、アップ

※1　門脇將元　1998　『心得て候』飛鳥出版室、66

> 先生方は、教育のプロです。「チーム」として皆で足並みを揃えましょう！

アップの状態に陥ったことが、今も苦い思い出として時々思い起こされます。

本章36頁にて詳述する「よさっぴタイム」は、「シンプル・面白い・ためになる」という三拍子が揃った活動です。だからこそ、依佐美中の全教師が「よし、私も！」と、足並みを揃えやすかったと言えるでしょう。

④ やると決めたことは全員で徹底する

先生方からは、「どんなに忙しいときでもやると決めた『よさっぴタイム』に継続して取り組んだから」「『よさっぴタイム』のルールは三つ。これを全員が徹底したから」「『よさっぴタイム』を時間割に組み込み、全校いっせいで行ったことで、学校を挙げて行っている感覚になったから」等の声があがっていました。

話し合いを通して「今年はこれをやっていきましょう！」と決まったのに、「私はそのやり方がなじまないのでやりません」という人が一人でもいるとチームは機能しません。私が「チーム」の力を強く感じたのは、かつて附属校で研究主任を務めた時でした。毎年6月開催の公開研究会に向け、子ども理解、授業づくり等々、さまざまに意見交換する場をもちました。その席では、お互いが主張し合い、意見が平行線のままでまとまらないこともしばしば…。そのような教師集団ではありましたが、ある一定の期間を経た後には、全員での意見のすり合わせが始まるのですから、「さすがに先生方はプロ！」と思いました。皆が足並みを揃えると、「チーム」という車のスピードは加速します。附属校には、「やると決めたことは文句を言わずにやる。その実践を経たうえで、年度末、皆で実践を検証する場をもつ」という流れがあったと、今、振り返っています。

依佐美中の先生方も全員が最初から「よさっぴタイム」に賛成していたわけではありません。「自分にはなじまない」という声が、私の耳に届いたこともあります。そうした中、

コンサルテーションプログラム

平成23年度	10月24日	「かかわりの力を高めるための理論・技法」
平成24年度	9月12日	「教師と生徒、生徒と生徒〜関係づくりのために〜」
	12月10日	「集団の力により、生徒を『人』として育む」
	1月12日	生徒講演「聴き上手、話し上手〜目指せ、人間関係の達人」
	1月22日	「学級集団の状況を把握する 〜 Q-U調査による解釈〜」
平成25年度	6月13日	「ソーシャルスキル・トレーニング」
平成26年度	5月12日	「よさっぴタイムの意義〜かかわりの力を育む『打ち上げ花火』」
	10月15日	研究発表会講演「学びを支える学校・学級づくり」

研究の実践にあたり、私がコンサルタントとして、コンサルティである依佐美中の全教員に対し、SSTやSGEに関する基本的な考え方や実践方法について、全校研修会等で指導・助言を行った。具体的には、「かかわりの力を高めるための理論・技法」「教師と生徒、生徒と生徒〜関係づくりのために〜」等のテーマでの講義や実技演習を実施するとともに、各学級のよさっぴタイムの参観・助言を行った。また、依佐美中の教務主任、研究主任とは必要に応じて電話や電子メールにより、研究実践に関する情報交換・助言を行った。

教務主任、研究主任というミドルリーダーが先頭に立ち、「月曜日5時限目開始前の10分間を使い、全校いっせいに実施」という枠をつくったからこそ、「一枚岩」への一歩を踏み出すことができたと言えるでしょう。

⑤ 外部の専門家を活用する

先生方からは、「曽山先生が何度も依佐美中を訪問してくださり、生徒、教職員に心から接してくださったから」「曽山先生が実践に向かう理論的な裏付けをしてくださったから」等の声があがっていました。

大学教員、教育委員会関係者等、教育に携わる者であれば、誰もが、よりよい学校づくり、子ども育成に関心をもっています。私自身、これまでの研究や実践によって培われた「生徒指導」「教育相談」「特別支援教育」という自らの専門分野を活かし、学校の役に立ちたいという思いが強くあります。同じことを言うとしても、校内からの声と外部からの声では響き方が違います。私は、校内研修等で学校を訪問する際、校長や研究主任の先生方に、「必要ならば、どうぞ、私の口を使ってください。先生方のお考えをお伝えします」と話すことがあります。専門性によって裏付けられた言葉は、より重い響きを伴って伝わりやすく、「一枚岩」づくりへの背中のひと押しになることでしょう。私が、依佐美中の実践に共同研究者として4年間かかわらせていただいたように、外部の専門家に積極的に声をかけてみてはどうでしょうか。

上の表は、依佐美中に対して私が実際行ったコンサルテーションプログラムです。

「コンサルテーション」とは
異なる専門性または役割をもつ者同士が、一緒に子どもの問題状況を検討し、今後の子どもとのかかわりについて話し合う作戦会議（※2）。

※2　石隈利紀　1999　『学校心理学』誠信書房、92

ステップ2 「関係づくりの花火」を打ち上げる

本書で使用している「関係づくりの花火」という表現は、心理学の専門用語「グループアプローチ」(19頁参照)を言い換えたものです。各地での校内研修・講演の際、受講者から「先生の言いたいことがイメージとして伝わってきました」という声が届くことから、今、私自身、気に入って使っている表現です。

おおよそ小学校高学年から中学校、高等学校にかけての子どもたちは、「思春期」に相当します。身体の変化に伴い、心の安定が保ちにくくなる時期であり、「疾風怒濤期」とも形容されます。また、彼らは荒波の海を航海する大揺れの船に乗った乗客とも言えます。船を揺らす波としては大小さまざまなものがありますが、彼らにとって最も大きな波となるのは友人関係ではないでしょうか。時に、彼らは「友人関係の悩み」という大波を受け、荒海に投げ出されることもあるでしょう。その際、誰か大人が自ら泳いでいく、あるいは浮き輪を投げることで彼らを助けることができます。私たち教師は、そうした大人の一人でありたいものです。溺れそうな子どもを助けるための「泳力」「浮き輪」が、教育学・心理学等の知識や技法であり、中でもソーシャルスキル・トレーニング(以下、SST)、構成的グループ・エンカウンター(以下、SGE)等に代表されるグループアプローチは、教師が身につけておきたい「泳力」「浮き輪」の筆頭格と言えるでしょう。

本ステップ2では、依佐美中が打ち上げた「関係づくりの花火」である「よさっピタイム」の実際とよりよい「花火」の条件を整理して紹介します(以下、『名城大学教職センター紀要』の論文〈曽山 2015〉をもとに、加筆・修正)。

◆「よさっぴタイム」とは

よさっぴタイムとは、依佐美中が考案した「SSTとSGEのねらいを統合した短時間グループアプローチ」のことです。SSTは、主に行動理論をベースにした「行動の教育」であり、「インストラクション（言語教示）→モデリング（模範提示）→リハーサル（実行）→フィードバック（評価）」という一連の流れにより進められます。一方、SGEは、主に実存主義、ゲシュタルト理論をベースにした「感情の教育」であり、「インストラクション（言語教示）→エクササイズ（心理的課題を用いた演習）→シェアリング（気づきの分かち合い）」という一連の流れにより進められます。よさっぴタイムは、この二つの集団カウンセリング理論・技法を、生徒の実態に応じて組み合わせながら行う活動です（資料1「よさっぴタイム年間計画」参照）。よさっぴタイムの活動は、各学級、毎週1回、月曜日5時限目開始前の10分間を活用して主に担任が実施しました。よさっぴタイムの三つのルール…「お願いします&ありがとう」「うなずいて聴く」「指示をしっかり聴く」にのっとり、4人グループで行うことを基本としました（資料2「よさっぴタイム指導案」および資料3「ワークシート」参照）。

よさっぴタイムの三つのルール

- お願いします&ありがとう
- うなずいて聴く
- 指示をしっかり聴く

4人グループで行うことが基本です。

36

資料1　平成25年度　よさっぴタイム年間計画

第1回	4月12日	●よさっぴタイムのねらいとルールの徹底　●ネームゲーム	
第2回	4月22日	●並び替えのトレーニング（バースデーライン、wake upラインなど） ●ネームゲーム（難易度を上げて行う）	
第3回	5月13日	●ネームゲーム（アイスブレーキングを考慮して行う）　●質問ジャンケン	
第4回	6月11日	●ネームゲーム（違うグループでアイスブレーキングを考慮して行う）　●質問ジャンケン	
第5回	6月17日	●ゴリラとゴジラ（身体接触を伴うので、クラスの状況に応じて実施）　●アドジャン	
第6回	6月24日	●ネームゲーム（違うグループでアイスブレーキングを考慮して行う）　●アドジャン	
第7回	7月 2日	●アドジャン	
第8回	7月 9日	●二者択一	
第9回	7月18日	●アドジャン　●いいとこ四面鏡	
第10回	9月 8日	●アドジャン	
第11回	9月17日	●アドジャン（5問バージョン）	
第12回	9月24日	●アドジャン（5問バージョン）	
第13回	9月30日	●アドジャン（5問バージョン）　●いいとこ四面鏡	
第14回	10月 7日	●二者択一（担任外のよさっぴタイムスタート）	
第15回	10月15日	●二者択一　※資料2指導案参照	
第16回	10月21日	●二者択一（1問作問）	
第17回	10月28日	●二者択一（2問作問）　●いいとこ四面鏡	
第18回	11月 5日	●大切なもの	
第19回	11月11日	●大切なもの2	
第20回	11月18日	●二者択一	
第21回	11月25日	●アドジャン　●いいとこ四面鏡	
第22回	12月 3日	●アドジャン（6問バージョン）	
第23回	12月 9日	●二者択一	
第24回	12月16日	●二者択一　●いいとこ四面鏡	
第25回	1月14日	●質問ジャンケン	
第26回	1月20日	●二者択一	
第27回	1月27日	●アドジャン	
第28回	2月 3日	●二者択一	
第29回	2月10日	●もしもなれるなら	
第30回	2月17日	●もしもなれるなら2	
第31回	2月24日	●アドジャン　●いいとこ四面鏡	

資料2　よさっぴタイム指導案

例　第15回よさっぴタイム　（10月15日）

○指導案；「二者択一」

	指導内容○　留意点◆	ソーシャルスキルを高めるために
＜事前に＞	・前回のよさっぴタイムと違うメンバーになるよう座席を指定し、座らせる。	
1．ルール確認 （30秒）	・簡単にルールの確認をする。　（カードの提示） お願いします&ありがとう　　うなずいて聴く　　指示をしっかり聴く	
2．メンバー紹介 （30秒）	◆4人1組のグループになるように机をくっつける。 ○順に名前を言い、「よろしくお願いします」のあいさつをする。	●作業やワークを始める前に、時間の提示をしっかりとする。 ●指示する前に、集中できるまでしっかり待つ。
3．二者択一の問題を考える （3分）	◆シートを配る。 ○二者択一の質問をグループで考える。 ・作る問題は1問 ・時間は2分 ・メンバー全員がそれでよいと納得できる問題を話し合って決める ◆時間内に決まらないグループがある場合は、他のグループから順に例を挙げさせ、その中から選ばせる。	例；「聴く姿勢をつくり、指示は一度だけ」「（できた時には）ありがとう！」 ●10分間の活動の中で、よくできていた行動を逃さずに認める言葉をかける。 ↓ 生徒のソーシャルスキルを高めるのは生徒の活動自体ではなく、教師がいかに生徒を認めるかにかかっている。 意識して、それを認める言葉がけをすると、そのスキルが伸びる。 例；「うなずきがいいね！」「笑顔がいいね！」「誰かが話をするとき、メンバーが真剣に聴いていたね！」
4．シート記入 （1分）	○各自、シートに自分の答えを簡単に記入する。	
5．二者択一 （1分30秒）	○あいさつをして二者択一を始める。 ○一つの問題を全員が答えてから次の問題に移る。	
6．トークタイム （1分30秒）	○二者択一で聴いた内容について、グループで話をする。（もっと詳しく聴きたいことや自分の考えなど自由に） ◆話がはずまないグループ、脱線しているグループは、教師が会話の助けとなる声かけをする。 例；「友だちの話を聴いていて質問したいことはなかった？」「お題の中で話そう」 ◆終了後にも認める言葉をかける。（あいさつ、聴く態度、うなずき、笑顔、等）	
7．評価 （2分）	○振り返りを記入する。 ◆今日の活動で良かった点を認める。 ◆時間があれば、感想を1〜2人発表させる。	・回収してファイルに綴じる。 ・あいさつ、うなずき、目線など。

資料3　ワークシート「二者択一」 ※3

二者択一

名前（　　　　　　　　）

どちらかを選ぶとしたら、こっちがよいと思う方に〇をつけましょう。
選んだ理由も簡単に考えておきましょう。
第1問は先生の指示を聴いて行いましょう。

第1問（おやつで食べるなら）
　　　　　　焼き芋　　　　　　焼き栗

＜理由＞

第2問
　　　（　　　　　　）　　　（　　　　　　）

＜理由＞

第3問
　　　（　　　　　　）　　　（　　　　　　）

＜理由＞

＜振り返り＞
1．今日の活動はどうでしたか。ひとつを〇で囲みましょう。

　すごく　　　　まぁ　　　　　あまり　　　　　　ぜんぜん
　楽しかった　　楽しかった　　楽しくなかった　　楽しくなかった

2．自分のソーシャルスキル（あいさつや聴き方）はどうでしたか。
　　できていたと思うものを〇で囲みましょう。

　始めや終わりの　　うなずいて　　話す人の　　　　相手の話をしっかり
　あいさつ　　　　　聴く　　　　　顔を見て聴く　　聴こうという気持ち

3．よさっぴタイムの感想を書きましょう。

※3　青野勇　1996　二者択一　國分康孝監修『エンカウンターで学級が変わる　中学校編』図書文化、134-135

よさっぴタイム「二者択一」

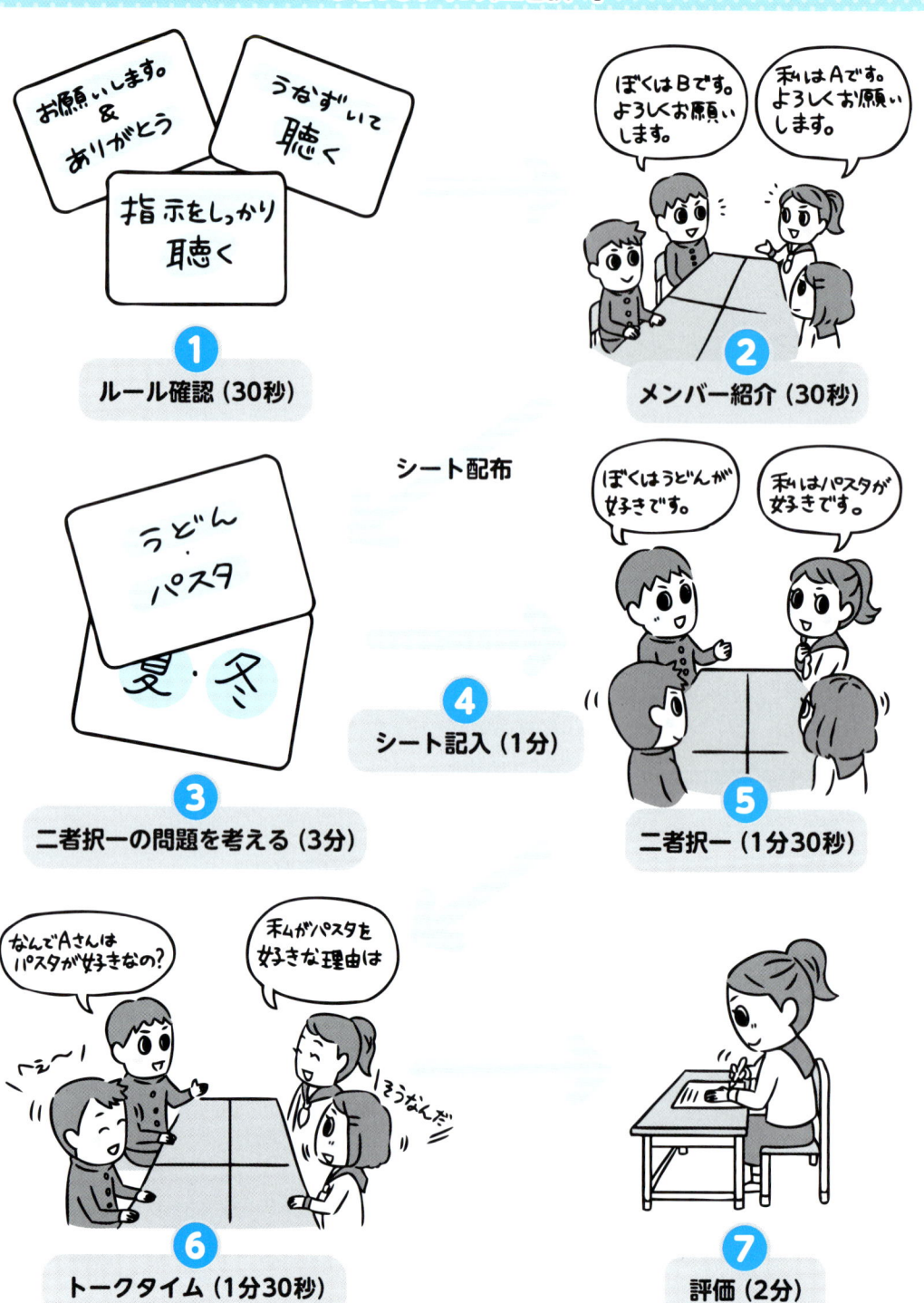

① ルール確認（30秒）
- お願いします。＆ありがとう
- うなずいて聴く
- 指示をしっかり聴く

② メンバー紹介（30秒）
- 「ぼくはBです。よろしくお願いします。」
- 「私はAです。よろしくお願いします。」

③ 二者択一の問題を考える（3分）
- うどん・パスタ
- 夏・冬

シート配布

④ シート記入（1分）

⑤ 二者択一（1分30秒）
- 「ぼくはうどんが好きです。」
- 「私はパスタが好きです。」

⑥ トークタイム（1分30秒）
- 「なんでAさんはパスタが好きなの？」
- 「私がパスタを好きな理由は」

⑦ 評価（2分）

資料4　生徒の自由記述アンケートから「よさっぴタイムを通して、自分や友だちが成長したと感じること」

1年生
- 自分が思っていることをちゃんと言えるようになった。
- 相手の話を聴こうとする気持ちが強くなった。
- あいさつが自然にできるようになった。
- 仲の良さが深まった。
- 話をしたことがない人と話せてとてもよいと思った。
- 話をしている人の方を見るようになった。
- 「ありがとう」がすぐに言えるようになった。
- みんなで笑い合えるようになった。
- 友だち同士で注意し合えるようになった。
- 私もみんなも自然にうなずきができるようになり、すごく成長したと思った。
- 誰とでも話ができるようになった。
- 自分や友だちのいいところがわかった。

2年生
- クラスのみんなの笑顔が増えた気がする。
- 気軽に男女関係なく話せるようになった。
- 誰とでも目を見て話せるようになった。
- 自分の意見をはっきり言えるようになった。
- 笑顔が増えたり、会話が弾んだりして、一度もしゃべってない子がいないくらい仲間が成長したと思う。
- 席を代えて誰とやっても仲良く話せるようになった。
- 発言を上手にする友だちが増えた。

3年生
- 話せる人が増えた。
- クラスが全体としてまとまるようになった。
- 男女関係なく、放課後盛り上がっている様子が多く見られるようになった。
- たくさんの思い出ができた。
- 会話が増え、にぎやかになった。
- 無理に話題をつくるのではなく、何気ない会話からだんだん話がふくらんでくるようになった。
- みんなでフリートークできるようになったことが成長だと思う。
- これまでより長く発言できるようになった。
- 女子との会話量が増え、1日が過ごしやすくなった。
- フリートークが前よりも盛んにできるようになった。
- 卒業まであと数カ月、どんどん話が進むようになった。
- 人のいいところを見つけようとする心が育った。
- 当たり前にあいさつやうなずきができるようになった。
- 男子と話せなかった私がクラスになじんできた。とても会話が楽しいと思えるようになった。
- 男女の仲がよくなった。
- おとなしい友だちが笑うようになり、その笑顔を見て、こっちもうれしくなった。

◆「よさっぴタイム」の効果

依佐美中の全生徒及び全教師に対して実施した、よさっぴタイムに関する自由記述を分析し、実践効果を次のように整理しました。

生徒の自由記述アンケートから

生徒には、各回のよさっぴタイム後、振り返りシートへの記入を求めました。更に、年度の終わりには、「よさっぴタイムを通して、自分や友だちが成長したと感じること」という問いに対するアンケートへの自由記述を求めました。資料4は、生徒の自由記述の一部を抽出・整理したものです。「話をしている人の方を見るようになった」「『ありがとう』がすぐに言えるようになった」等の自分自身のソーシャルスキル向上を感じている記述、「みんなも自然にうなずきができるようになり、すごく成長した」「笑顔が増えたり、会話が弾んだりして、一度もしゃべってない子がいないくらい仲間が成長したと思う」「発言を

上手にする友だちが増えた」等の友だちのソーシャルスキル向上を感じている記述、「クラスが全体としてまとまるようになった」「男女関係なく、放課後盛り上がっている様子が多く見られるようになった」等の学級全体の変容を感じている記述が見られます。これらの記述から、よさっぴタイムの効果は十分にあると考えられます。

教師の自由記述アンケートから

教師には、調査・実践の最終年度に、「よさっぴタイム、よさっぴトーク（49頁にて紹介）の効果と感じられること」という問いに対する自由記述を求めました。次頁の資料5は、教師の自由記述の一部を抽出・整理したものです。「よさっぴタイムは生徒になじみ、本当に男女の仲がよく、温かな雰囲気での話し合いができるようになった」「よさっぴタイムを行ってから学級の雰囲気がとても和やかになった」「よさっぴタイムの効果を教師が実感しているスキルが上がってきている」等の記述から、よさっぴタイムを通して、生徒のことがわかります。「生徒は『よさっぴトーク！』の一言で、スムーズにグループ活動に入ることができるようになってきている」「よさっぴタイムのおかげで、男女のペアワークやグループ活動、会話に全く抵抗がなく、教科指導がとてもやりやすい」等の記述から、よさっぴタイムとよさっぴトークの「連結効果」の大きさも示唆されます。

◆よりよい「花火」の5条件

資料4・5に整理した生徒、教師の声を読むと、「よさっぴタイム」がとてもよい活動であり、「関係づくりの花火」として優れたものであることがわかります。

全国各地の学校で、「よさっぴタイム」に続く「〇〇タイム」が生まれるよう、よりよい「花火」の条件を五つ、次に整理します。

42

資料5　教師の自由記述アンケートから
「よさっぴタイム実践の感想、生徒の変容について」

楽しそうに笑顔で参加

- 1年生の頃、生徒指導上の諸問題が多発していた生徒が3年生になった頃、一部の生徒を除き、全体として落ち着いた。その一部の生徒ですら、よさっぴタイムにはあふれんばかりの笑顔で参加をしていた。振り返れば、しっかりしたルールにのっとり、短時間で行うよさっぴタイムが生徒の変化につながったと思う。
- よさっぴタイムに取り組むうちに本当にどの生徒も楽しそうに取り組むことができていた。自然に友だちとかかわることができるようになったのは大きな成長と思う。

学級の雰囲気がよくなる

- よさっぴタイムは生徒になじみ、本当に男女の仲がよく、温かな雰囲気での話し合いができるようになった。
- よさっぴタイムを行ってから学級の雰囲気がとても和やかになった。私自身、笑顔で活動の様子を見ることができ、大好きな時間になっている。いちばんうれしいのは、生徒から「普段話せない子と話ができてよかった」という言葉がよく出ること。どうしてもグループ化する生徒たちに、いろいろなタイプの生徒とかかわりをもたせるよい機会になっている。
- よさっぴタイムのほんのちょっとしたゲームで、こわばっていた表情が柔らかくなり、学級の雰囲気が温かくなると感じた。
- 1年生が1学期に他小学校出身の子と話せず、ぎこちない雰囲気があったが、それを改善できたのはよさっぴタイムのおかげだと思う。生徒の感想にも「話せるチャンスになった」「友だちの意外なことがわかった」とあり、本当に楽しそうに取り組んでいた。
- 授業中の話し合いに、よさっぴタイムで身につけた温かなかかわり方がとても効果を発揮していると感じる。

- よさっぴタイムをずっと継続しているため、SSTの大切さが本当によくわかる。生徒が「型」で覚えているので、お互いに認めあう空気がある。また「型」はあるが、かかわりの中での笑顔、テーマに沿って話を続ける姿は本物である。よさっぴタイムが身体になじんでいるため、授業中でも班での話し合いはワイワイと、どの学級も楽しそうによい雰囲気の中で学んでいる。
- 教壇に立ち、朝の会で話をしても反応が乏しい状態の生徒が、よさっぴタイムを続けるうちに、心が溶けてきたように感じ、いつの間にか、私の話にうなずく生徒、反応がわかる生徒が増えた。その時、生徒たちに、素直に「すごくうれしいし、安心する」と伝えたことを覚えている。

子どもたちのスキルが上がる

- よさっぴタイムを通して、生徒のスキルが上がってきていると感じる。最初は遊び感覚で取り組んでいた生徒が、「アイコンタクトを意識してできた」「フリートークではお題にそった話を気軽にできるようになってきた」などと、書くようになった。
- 生徒は「よさっぴトーク」の一言で、スムーズにグループ活動に入ることができるようになってきている。

授業や話し合いがうまくいく

- それまで授業中の話し合いがうまく進まないことがよくあったが、よさっぴタイムにより、その土台となる力を育むことで、授業中のかかわりの時間が活きてくると感じた。
- 初めてよさっぴタイムを経験した時の驚きが思い出される。10分という絶妙の設定時間、ルールのもとでの実践により生徒が男女関係なくかかわっていく様子を見て、その効果の大きさを実感した。授業の中の話し合いに自然な形で取り組めることも助かっている。初めは不慣れだった1年生が、型から入り、流れをつかみ始めて楽しめるようになっている。
- よさっぴタイムのおかげで、男女のペアワークやグループ活動、会話に全く抵抗がなく、教科指導がとてもやりやすい。人と話すことに抵抗がないのはすばらしいことと思う。
- 日々の授業に生き生きと取り組み、思いを伝え合う姿は、継続して取り組んできたよさっぴタイムの賜物だと思う。
- よさっぴタイムの継続により、授業中の話し合いがとてもスムーズにできるようになった。

自尊感情が高まる

- よさっぴタイムの実践により生徒の自尊感情は高まると思う。また、この実践が他校に広がっていくといいなと思う。
- よさっぴタイムの取り組みを通して、生徒は「友だちの意見を聴く」「自分の意見を友だちに認めてもらえる」「友だちに自分のことを知ってもらう」ことを経験し、自尊感情の高まりにつながったと思う。生徒の成長を感じるだけでなく、自分自身、教師として生徒の意見を受け入れることの大切さを学んだ。

指導面で気づいたこと

- よさっぴタイムの実践を、全教員がチームとして団結していると思えることが非常にうれしい。
- よさっぴタイムの実践を通して、生徒のみならず、教師集団も変容してきたことに喜びを感じる。
- 自分で実践してみて改めて、よさっぴタイムはルールを守ってやれば楽しいことがわかった。
- よさっぴタイムの活動で驚くのは、「何度繰り返し同じことを行っても生徒が楽しめること」「誰が相手でも楽しんで行えること」の2点である。

「型」の3要素

| 誰でもその場で教えられる | 誰が教えても同じようにできる | 誰がやっても同じ効果がある |

(※4)

　これが「型」の3要素である。この「型」に習熟することで、それはやがて「技」となる。
　子どもを育む「技」としての構成的グループ・エンカウンターを國分康孝先生（東京成徳大学名誉教授）に学び、人生を生きる「技」としての合気道を横山清一師範（秋田・武産塾合気道修練道場）に学んだ私にとって、齋藤孝先生の言葉は強く胸に響きます。
　よさっぴタイムは「型」の3要素を満たし、今、依佐美中の先生方の「技」となりつつあります。

※4　齋藤孝　2003　『呼吸入門』角川書店、60-61

条件①　短時間の活動であること

　教師の自由記述の中に、「10分という絶妙の設定時間」「ほんのちょっとしたゲーム」等が見られます。「よさっぴタイム」のいちばんの売りは、このように**教師が負担を感じることなく取り組める短時間活動であること**です。これまでの先行研究を紐解くと、生徒同士の関係づくりを促すために効果のあるアプローチは全国各地の実践の中に、数多く見いだすことができます。しかし、いくら効果があっても、教師が負担感を感じるものは長続きしません。また、時間の負担感がないということは、集中力の持続が難しい「気になる子」も取り組みやすい活動であると言えます。

　「花火」がいくら綺麗でも、長時間夜空を彩り続けたら飽きてしまいます。「もう少し見たいなぁ」と思うから、また次の「花火」への期待感が高まるのでしょう。「関係づくりの花火」も同じです。

条件②　ルールと型が徹底された活動であること

　教師の自由記述の中に、「しっかりしたルールにのっとり〜」「生徒が『型』で覚えているので〜」「型から入り〜」等が見られます。ルールとは「よさっぴタイムの三つのルール」、型とは「インストラクション（言語教示）→モデリング（模範提示）→リハーサル（実行）→フィードバック（評価）」という決まった流れがあることです。ルールという「安心の枠」があるから、生徒は見通しをもって活動に向かうことができます。また、型があるから、生徒は自分の考えを自由に伝え合うことができます。「気になる子」の中には、活動の流れが変わることなどに不安を感じ、パニック状態に陥る「ガラスの心の持ち主」のような子もいます。そうしたタイプの子にとっても、明確なルールと型のある活動はなじみやすいものとなります。更に、こうしたルールと型の

徹底は、各教師の足並みを揃えることにつながるとともに、新転任者であっても活動になじみやすいという利点があります。

条件③ 繰り返し行える活動であること

教師の自由記述の中に、「よさっぴタイムの活動で驚くのは『何度繰り返し同じことを行っても生徒が楽しめること』」が見られます。37頁の資料1「よさっぴタイム年間計画」に示されているとおり、活動内容として設定しているのは、「三者択一」等、年間わずか約10種の演習（エクササイズ）です。私自身、若い頃から多くの失敗を重ねたうえでの結論は、「自分が体験し、楽しく感じた演習を数種類選び、それを繰り返して行う」ということです。何も活動時間ごとに演習を変えるような「演習のデパート」を開く必要はありません。自分が楽しく感じた演習であれば、生徒にもその楽しさを伝えやすくなります。また、繰り返し同じ演習を行うことで、指導の「ワザ」が磨かれていきます。私は今、大学講義でも「アドジャン」を繰り返し活用していますが、指導の「ワザ」に段位がつくとすれば、きっと今は高段者の仲間入りをしているはず……。そう言えるほど、「アドジャン」が身体になじんでいます。「何度繰り返し同じことを行っても生徒が楽しめる」理由として、「三者択一」「アドジャン」「質問ジャンケン」等は項目を変えたり、メンバーを代えたりするだけで、常に新鮮な雰囲気をつくり出すことができる演習だからではないでしょうか。依佐美中の生徒に人気があり、私のお薦め演習でもある「三者択一」等を、試しにやってみてはどうでしょうか。きっと、子どもたちにかかわりの力が育ちます。

条件④ 友だちとのかかわりを楽しめる活動であること

生徒の自由記述の中に、「席を代えて誰とやっても仲良く話せるようになった」「男子と

45

演習　「アドジャン」※5

お題

```
0. 出身地          5. 好きな芸能人
1. 好きな食べ物    6. おすすめの本
2. 誕生日          7. 苦手なもの
3. 行ってみたい国  8. 休日にしたいこと
4. 趣味            9. ちょっとした自慢
```

アドジャン！
3本　3本　5本

① 掛け声を合わせて好きな指を出し、「お題」を決める。

計算する
3+3+5=11

↓

11の一の位をとって「1」のお題

僕の好きな食べものは…

② 「お題」が決まったあと、メンバーが順番に答える。

他のメンバーは、相手を見て、うなずきながら聴くことがルール！

実施時間は2分程度

※5　滝沢洋司　1999　アドジャン　國分康孝監修　『エンカウンターで学級がかわる　ショートエクササイズ集』図書文化、112-113

話せなかった私がクラスになじんできた。とても会話が楽しいと思えるようになった」等が見られます。このような感想が出るのも、「よさっぴタイム」が生徒にとって「友だちとのかかわりを楽しめる活動」であるからでしょう。

川島（1997）の知見によれば、母親との関係、友人との関係の軽重が10歳前後を境に変わるとあります。具体的には、小学校低・中学年の子どもたちは「お母さんが言ったから…」、小学校高学年以降の子どもたちは「友だちが言ったから…」というように、同調の対象が変わるということです。

人とかかわる力の核となる「自尊感情」「ソーシャルスキル」はどちらもかかわりの中でしか育ちません。特に、思春期段階の子どもとかかわる教師であれば、「この子たちは、大人とのかかわり以上に友だちとのかかわりの中で『自尊感情』『ソーシャルスキル』が育っていくのだな」ということを常に意識する必要があるでしょう。そして、<mark>子どもたちが「もっと話したい」「一緒に活動したい」と感じるような「友だちとのかかわりを楽しめる活動」</mark>を用意することが、私たち教師の「腕の見せどころ」の一つです。

条件⑤　教師自身も楽しめる活動であること

教師の自由記述に、「私自身、笑顔で活動の様子を見ることができ、大好きな時間になっている」「自分で実践してみてあらためて、『よさっぴタイム』はルールを守ってやれば楽しいことがわかった」等が見られます。

私が今、SGEを実践の柱に据えているのは、師である國分康孝先生（東京成徳大学名誉教授）が主催するワークショップに参加し、各種エクササイズを体験する楽しさを知ったからです。当時、「大人の自分がこれほど楽しめるエクササイズであれば、子どもたちはもっと楽しめる」と思ったことが、その後、エンカウンターを深く学ぶきっかけとなり

ました。依佐美中の先生方が「よさっぴタイム」の楽しさを実感するようになったのは、外部の専門家を招いた校内研修会等の機会に、実際に生徒の立場に立って演習を行ったからです。**「まずは隗より始めよ」…事を始めるには自分からやり出さねばならない。この言葉のとおり、まずは自分自身が楽しめる演習を探してみるとよいでしょう。私たちが楽**しめる活動であれば、子どもたちもきっと楽しめます。

〈参考文献〉
- 愛知県刈谷市立依佐美中学校 2014 『研究紀要』
- 川島一夫編者 1997 『発達を考えた児童理解・生徒指導』福村出版
- 曽山和彦 2015 中学生を対象とした短時間グループアプローチの実践とその効果 『名城大学教職センター紀要』12

ステップ3 「関係づくりの火」を灯し続ける

本章で紹介している「よさっぴタイム」のような「関係づくりの花火」を打ち上げること自体はそれほど難しいことではありません。研修会に参加した後は、すぐにでもSGEやSST等を試してみたくなり、学級活動や道徳等の時間に活用した経験のある方は多いことでしょう。しかし、本当に難しいのは「花火」を打ち上げた後です。せっかく灯った「関係づくりの火」が消えないよう、日常生活の場面につなげることが大切であるという指摘は、多くの実践者の口から発せられますが、それは「今後の課題」として留まっていることが多いように思います（恥ずかしながら、私自身のこれまでの実践、研究がそうでした）。

そのような状況の中、依佐美中の実践のすばらしいところは、「よさっぴタイム」という「関係づくりの花火」の打ち上げに留まらず、火を灯し続けるための方策が全校的になされているところです。それが「よさっぴトーク」というアプローチです。このアプロー

チがあるからこそ、生徒のかかわりの力の基盤となる自尊感情、ソーシャルスキルがほどよく、少しずつ育まれているのだと言えます。

本ステップ3では、「よさっぴトーク」の実際を中学2年生社会の授業を例にポイントをおさえながら、紹介します。

◆ 「よさっぴトーク」とは

よさっぴトークとは、<u>各教科等の授業中に取り入れるペア・小グループでの話し合い活動</u>であり、依佐美中では全校で共通理解して「よさっぴトーク」の名称を使用しています。

例えば、よさっぴタイムの中で、ターゲットスキルとして「うなずき」を設定し、エクササイズ、「三者択一」（38頁資料2を参照）に取り組んだとします。しかし、週に1回、10分の活動で、「うなずき」のスキルが定着することは困難です。そこで、「友だちが話す（刺激）

↓

うなずいて聴く（反応）」の結びつきを強める手段（「強化」）の一つとしてよさっぴトークを位置づけています。さらに、よさっぴトークは、構成された「三者択一」の活動場面以外でも、自然な形でうなずくことができるようになる（類似する他の刺激に対しても反応が生ずるようになる＝一般化）というねらいをも含んだ活動として実施しています。

それでは次頁より、「よさっぴトーク」が実際の授業でどのように活用されているのか見てみましょう！

依佐美中の授業が見られるのね！

49

依佐美中授業
中学2年生
社会科

主体的に学ぶことができる生徒の育成
～他者とかかわり合いながら自尊感情を高める～

平成26年10月15日に開催された研究発表会公開授業の参観感想として、各地の先生方から多くの声をいただきました（59頁参照）。「生徒同士、目を見て、お互いの意見に反応しながら自然に話し合いが進められていた」「『よさっぴタイム』のかかわりが活きている授業だった」「『よさっぴタイム』『よさっぴタイム』のかかわりを授業の中にも取り入れて、お互い教師と生徒の関係がとてもよい」「『よさっぴタイム』意見交換している姿に感動した」等の声は、4年間の研究・実践に取り組んできた依佐美中の先生方にとっては、大きな励みになると思います。

「よさっぴタイム」のかかわりが活きている授業……それが、「関係づくりの花火（＝よさっぴタイム）の火を灯し続けることの具現化である「よさっぴトーク」を導入した授業です。以下、実際の依佐美中学2年生、社会科の授業場面の一部（開始から20分）を紙上に再現しながら、「よさっぴタイム＆よさっぴトーク」連結のポイントを整理します。（授業者　小笠原一彦先生／現在・刈谷東中学校勤務）

生徒同士のかかわりを深める「よさっぴトーク」

生徒 ● 今から社会の授業を始めます。お願いします。

教師 ● では、始めます。皆さんは今まで歴史の勉強をしてきましたが、これまで勉強してきたことを思い出してください。日本の歴史の中ではいろいろな身分が出てきましたね。どんな身分がありましたか？

——はい、20秒の「よさっぴペアトーク」！
ポイント①

教師 ● は～い（ペアトーク終了）。それでは、どんな身分があったのかを発表してください。

生徒 ● ハイ。ハイ。ハイ。（あちらこちらで活発に手があが

ポイント①　発言しやすい雰囲気をつくる

生徒たちに興味をもたせ、授業に引き込むために、ペアトークからスタート。今までの学習を振り返りやすくするとともに発言しやすい雰囲気をつくる。

50

教師●はい、では誰か。(指名する)
生徒●はい、将軍です。
教師●征夷大将軍です。
生徒●おおっ! でも、身分としてもっと一般的なものがありましたよね。
生徒●老中。
生徒●豪族。(笑い声)
教師●なるほど。では、一般的な一国民の身分としてはどうですか?
生徒●平民。
教師●そうそう。その平民の中にどういうものがあったか覚えていますか?
生徒●農民。
教師●(農 と書いた紙を黒板に貼る)続けて、どんなのがありますか?
生徒●商人です。
教師●(商 と書いた紙を黒板に貼る)他には? どうぞ。
生徒●職人。
教師●職人さんね。(工 と書いた紙を黒板に貼る)
生徒●侍。
教師●侍というのは武士ですね。(士 と書いた紙を黒板に貼る)いろいろな身分が出てきましたね。
では皆さん、考えてください。「権力が強かったら身分は高い」「権力が弱かったら身分は低い」というように考えて、この四つの身分を並べてください。
はい、30秒の「よさっぴペアトーク」!

ポイント③ 生徒の意欲を引き出す	ポイント② 2WAY回路をつくろう
「○○に気づいた、わかった」等の個々の気づきを促すことで、生徒の自尊感情を高め、主体的に学ぼうとする意欲を引き出すことができる。	教師が一方的に話すのではなく、ポイントごとに「よさっぴトーク」を取り入れたり、具体的な活動を促したりすることで、生徒が主体的に授業に参加して授業が活性化される。

生徒●お願いします。

――30秒のペアトークを実施

教師●はい、皆さん、どうですか？

（隣の生徒と話をしていた生徒が、先生の一声でいっせいに先生に注目する。）

教師●では、誰か前に出て並べてください。（指名する）

ポイント②

（生徒が前に出て、黒板に 土 ・ 農 ・ 工 ・ 商 の順に縦に並べる。）

教師●はい。皆さんもこれと同じ考えですか？ 違う考えの人はいませんか？

生徒●ハイ！

（前に出て、黒板に 土 ・ 商 ・ 工 ・ 農 の順に縦に並べる）

教師●これも実は違うんですね。ヒントを出しましょう。一列ではないですよ。

生徒●ああ、わかった！

ポイント③

教師●じゃあ最後ね。（指名する）

（生徒が前に出て、黒板に 土 の下に右から 商 工 を並べその下に 農 を置く）

教師●うぅん。江戸時代、実際はこういう状態だったのです。

（ 土 の下に右から 農 工 商 と横一列に並べる）

「よさっぴタイム」のルール、「お願いします」「うなずく」がしっかりここで守られていますね！

ワイワイと話をしているのに、先生の一言でピタッと指示に従うなんてすごい！

> **ポイント④** テーマを提示しよう
>
> 授業のテーマを明確に提示する。黒板に掲示したり書いたりするだけではなく、生徒一人ひとりがプリントに自分で書くことで、明確な意識づけを行う。

多少、稼ぎの面で差はありましたが、武士がいて、それ以外の町人がいました。これが江戸時代の身分です。実はこの下にまだ違う身分があります。知っていますか？

生徒● はい。（指名する）

教師● そうですね。「えた・ひにん」です。

生徒● 「えた・ひにん」。

教師● 「えた・ひにん」という差別されていた人たちがいたのです。今日はそのことを勉強していきます。

明治時代に入って、政府が「四民平等」を打ち出しました。四民というのは、士農工商の四つの身分のことです。封建的身分制による差別を廃して、国民全てが平等であるとしたのです。それによって武士とか町人とかいう身分の差がなくなりました。

しかし、実際は、差別自体なくなりませんでした。そういう状況の中で、差別をなくそうと動いていた人たちがいました。

これから配る授業プリントに名前と課題を書いてください。

（授業プリントを配る）

教師● 今日の課題は、「差別をなくそう、国民の思い」というものです。この課題について、一緒に考えていきましょう。

（テーマを書いた紙を黒板の上方に貼り、チラシを黒板の左側に貼る）**ポイント④**

教師● それでは、前を見てください。

これは、当時配られたチラシです。「全国水平社」と書いてあるでしょう。差別をなくそうとして、全国水平社というチームのようなものを結成し、差別をなくす運動をした人たちがいたのです。その人たちが、「水平社宣言」というものを出しました。

（プリント「水平社宣言」を配る）

教師● 今日はこの宣言を読み、皆さんに差別について考えてもらおうと思います。今から

ポイント⑥ **メリハリをつける**	ポイント⑤ **大切なことは繰り返して**
トークも個別活動もきちっと時間を区切ること。それによって生徒を飽きさせないようにするとともに授業全体にメリハリが出る。	大切なことは何度も繰り返して言う。生徒の目を見ながら、語りかけるようにしっかり話をすること。

（「水平社宣言」の内容を読み上げる）

教師● 私が音読しますので、皆さんはペンを持ってください。差別をなくそうということが感じとれる言葉に線を引いてください。ゆっくり読みますので、差別をなくそうという思いが感じとれるところに線を引いてください。線はたくさん引いてもいいです。 ポイント⑤

教師● では、一度前を向いてください。

たくさん線を引くことができた人も、少ない人もいるようですね。その中から、最も差別をなくしたいという思いが伝わる言葉を一つだけ選び、その理由を書いてください。3分間時間をとります。 ポイント⑥

（生徒個々に書く。教師は教室全体を見て回る）

教師● はい、では書くのをやめて前を向いてください。それぞれが自分の思ったことをプリントに書いたと思います。それをもとに「よさっぴトーク」をします。「自分はこの言葉を選びました。理由はこうだからです」と簡単に話してください。さっき書いたものを見てもいいですが、アイコンタクトを大切にしてくださいね。はい、グループになってください。

教師● 窓側、後ろの人から時計回りでお願いします。では、「よさっぴトーク！」

生徒● お願いします。

（生徒は4人グループになるように机を並べる）

——4人グループでのよさっぴトークを実施

（ひととおりグループ内での発表が終わったら、グループ全員で拍手をして教師に知らせる）

> 時間をきちっと区切ることが大事なのね。

教師●はい、それぞれいろいろな思いがあったことでしょう。「この言葉から差別は辛いんだなあと思った」という声も聞こえてきました。

では、今からグループで考えてほしいことがあります。この中で最も国民の思いが込められているのは、どの言葉だと思いますか？

四民平等ということが叫ばれて、差別をなくすことに協力する人がたくさん増えてきます。国民の思いとして、どの言葉に、いちばん差別をなくそうという思いが込められていると思いますか。グループで話し合って、一つ出してください。さっきの「よさっぴトーク」も活かしてくださいね。では、お願いします。

生徒●お願いします。

――4人グループでのよさっぴトークを実施

（活発に話し合う様子）

教師●グループで考えがまとまったら、一人代表して立ってください。

（話のまとまったグループの代表者がその席で立ち、全てのグループの話し合いが終わるのを待つ）

〜ここで20分の参観終了〜

うなずきやアイコンタクトなどの聴き方のルールがしっかりしていることで、お互いが話しやすい環境をつくることができます。

たった週1回で「関係づくり」の力がこんなに伸びるなんて…。私もさっそく自分の学級で取り入れてみよう！

◆ 曽山先生から一言

「よさっぴタイム」を通して、「縦糸(教師と生徒)」「横糸(生徒同士)」がしっかり織り上がってきているから、学級にいる全員が居心地よく学んでいるのでしょう。今後、更に「糸」を太くするために、もう少し、教師としての「ルール違反・遵守に対する二本のアンテナ(※6)」の精度を上げたいものです。具体的には、「うなずき」がしっかりできているなと感じたときには、「おぉ、うなずきのルールは何だっけ?」、逆に「うなずき」が弱いなと感じたときには、「あれっ? よさっぴのルールが増えてきたなぁ」等々の言葉をかけていくということ。あくまでも教科指導のねらいを超えないように留意しながらも、副次的に「関係づくり」の力を育むという意識をもち続けるとよいでしょう。

※6 『教室でできる特別支援教育 子どもに学んだ「王道」ステップ ワン・ツー・スリー』76頁「二つのアンテナを立てる」参照

56

第3章

「感動」の紙上再現
依佐美中学校研究発表会

研究発表会当日の流れ

```
12時 13時        14時        15時              16時
40分 00分 15分 30分45分 55分05分 15分25分 15分30分        35分
```

| 受付 | アトラクション オーケストラ部演奏 | 研究発表 | 移動 | 「よさっぴタイム」全クラス公開 | 移動 | オリエンテーション | 移動 | 公開授業 | 移動 | 全体会 |

全体会
○指導高評
　刈谷市教育委員会　教育長　太田 武司様
○講演
　「学びを支える学級づくり・学校づくり
　　～グループアプローチを活用して～」
　名城大学大学院
　大学・学校づくり研究科　准教授　曽山 和彦先生

よさっぴタイム：SST（ソーシャルスキル・トレーニング）とSGE（構成的グループ・エンカウンター）を統合したグループ活動

●よさっぴタイム（13:45～13:55）

クラス	内容	クラス	内容
1年1組	二者択一	2年4組	もしもなれるなら…
1年2組	アドジャン	2年5組	アドジャン
1年3組	二者択一	2年6組	質問ジャンケン
1年4組	質問ジャンケン	2年7組	もしもなれるなら…
1年5組	アドジャン	3年1組	G&G※／アドジャン
1年6組	二者択一	3年2組	G&G／アドジャン
1年7組	アドジャン	3年3組	G&G／二者択一
1年8組	質問ジャンケン	3年4組	G&G／アドジャン
2年1組	質問ジャンケン	3年5組	G&G／もしも～
2年2組	アドジャン	3年6組	G&G／二者択一
2年3組	二者択一	3年7組	G&G／二者択一
10、11、12組	質問ジャンケン		

（G&G＝ゲーム「ゴジラとゴリラ」）

●公開授業（14:25～15:15）

教科	年・組	単元名
国語	1年4組	星の花が降るころに
社会	2年7組	日本の諸地域
数学	1年8組	資料の活用
理科	3年1組	化学変化とイオン
音楽	2年4組	歌詞の理解と合唱表現の工夫
美術	3年7組	美術展を企画しよう
体育	1年1組	マット運動めざせ金メダル！ ～Road to Tokyo～
技術	1年5組	生活に役立つ作品の製作
英語	3年4組	For or Against
特別支援	10、12組	「社会参加」と「自立」を目指した作業学習

研究会当日の流れと「よさっぴタイム」「公開授業」参観者の感想

本章では、平成26年10月15日に開催された依佐美中学校研究発表会当日のプログラムを振り返りながら、参観者から届けられた声を紹介します。

「よさっぴタイム」と公開授業を観て、あるいは、私の講演を聴いて、参観者は何を感じたのでしょうか。参観者の声は、依佐美中の先生方と私にとって、「外から見た通知表」です。

また、津田節代前校長と私による対談「4年間の研究を終えて～学校・生徒・教師の成長を振り返る～」を紙上再現します。こちらは、「中から見た通知表」です。

よさっぴタイム参観感想

- ただ楽しいだけではなく、「お願いします」「ありがとう」「うなずき」「指示をしっかり聴く」等のかかわりのスキルを大切にしていることがよかった。繰り返すことにより、自然に身につき、当たり前のことになるその姿が具体的に見られた。そうした生徒を育んだ依佐美中の教師集団はすばらしいと思った。
- ゲーム形式でほのぼのと温かい雰囲気で行われていた。短い時間でもこのような時間を積み重ねていくことが人間関係を築く礎になると思った。
- 性別に関係なく楽しんでいる姿がとても印象的だった。ルールが明確なため、全員が積極的に参加していた。
- 人間関係づくりが、教育ではとても大切だと改めて感じた。
- わずか10分という短い中、生徒の笑い声が響いていたので、グループワークのすばらしさを感じることができた。
- とにかく生徒のきびきびした動きに驚かされた。テンポの良い展開、声かけのタイミング、時間配分までとても勉強になった。かかわりを通して、生徒の仲が深まり、行事等が楽しみになるだろうし、いじめの撲滅にもつながると思う。
- 小学校でも子ども同士のかかわりが薄い、弱いと痛感している。すばらしい指導案をいただき、是非、アレンジして使いたい。
- 高校にはない取り組みで、とても興味をひかれた。単純なことだが、こういったコミュニケーションの訓練は大切だと思う。
- ちょっとした時間なのに和む。慌ただしい生活の中、こうした話す時間は大切だと思った。
- 生徒の切り替えの早さに感心した。男女の交流を深めるようなやりとりで、学級が温かくなり、少しずつ壁が溶けていくような気がした。是非、自分の学級でも行いたい。

公開授業参観感想（よさっぴトークに焦点を当てて）

国語
- 友だちの意見をよく聴き、自分なりの考えをもっている姿があった。
- 全体の話し合いの中に、よさっぴタイムでやっていることがあまり活かされていないのが残念。

社会
- よさっぴトークでは、よさっぴタイムの成果から、生徒はいきいきと話し合い、聴き合いができていた。ただし、資料に目がいくとうなずく姿はあまり見られない。中にはできていた生徒がいたので、そこを取り上げて褒めていくとよいと思った。
- グループ発表、全体発表の際、生徒がスムーズに机を動かし、活発に活動していた。

数学
- よさっぴトークで考えをまとめる時間がよかった。ルールが浸透し、混乱なく進められていた。生徒同士、目を見て、お互いの意見に反応しながら自然に話し合いが進められていた。よさっぴタイムのかかわりが活きていた。
- よさっぴトークで、「○○君に質問なんですが…」「自分は○○と思う」等、自分の意見をしっかりもち、他の生徒の話に耳を傾ける姿があったので、よさっぴタイムの成果だと思う。

理科
- 楽しそうに交流する姿が良かった。皆、笑顔での活動だった。
- グループ皆で考えを出し合い、考えている様子が見えた。
- よさっぴタイムの成果なのか、教師と生徒の関係がとてもよい。

音楽
- よさっぴタイムのかかわり合いを授業の中にも取り入れて、お互い意見交換している姿に感動した。
- かかわり合いを通して生徒が新たな価値観をもつことができていた。

美術
- よさっぴトークを通して考えが広まっていく様子がよくわかった。
- 話し合いの手順や話し方など、スムーズに行われており、よさっぴトークが活きていると感じた。

体育
- 先生の話を聴く姿勢、友だちの意見を聴く姿勢がとてもすばらしかった。話す人の方を向く、目を見て話を聴くことが自然にできていた。
- グループ活動の中で多くの話し合いが行われ、かかわり合いができていた。

技術
- 生徒同士の話し合いが抵抗なく行われている様子を見て、普段から意見を出し合う機会を大切にしていることが感じられた。
- 子ども同士のかかわり合いにより、自分の作品について検討している姿が印象的だった。

英語
- 自然と級友とかかわることのできる雰囲気がグループワークを活発にさせているのだろうと思った。
- 誰一人として話し合い活動に参加できない生徒がいないのがすばらしい。

特別支援
- 「お願いします」「できました」「すみません」という言葉が生徒にしっかりと身についていると感じた。
- 子どもを育もうとする先生方のチームワークに感動。小さな気づきを言葉にして、認め合う環境を創り上げているのがとてもよかった。

学びを支える学級づくり・学校づくり
~グループアプローチを活用して~

依佐美中 研究発表会 講演

依佐美中の研究発表会講演において、私は、4年間、研究・実践に取り組んだ先生方を全面的に応援する気持ちで演壇に立ちました。演題は「学びを支える学級づくり・学校づくり~グループアプローチを活用して~」。当日の60分講演を以下に紙上再現します。

はじめに

学びを支える学級づくり・学校づくりの具体方策としては、さまざまなものが考えられると思います。本講演では、依佐美中が研究と実践の過程で創り上げてきたグループアプローチ「よさっぴタイム」に焦点を当て、その意義について話をします。皆さんそれぞれのお考えとすり合わせながら、私の考える「学級&学校づくりの現在地」をお聴きください。

学級が居場所となるために

では、スライドを見てください。**スライド①**「学級&学校づくり」は、「居場所づくり」と言われることがあります。集団が、そこに所属する全ての人にとって「居場所」となるには条件が必要です。一つは「ルールの定着」、もう一つは「ふれあいの確立」です。この考えは、教育カウンセリングの師である國分康孝先生（東京成徳大学名誉教授）、学級診断尺度Q‐Uの開発者である河村茂雄先生（早稲田大学教授）のお二人に学んだことであるとともに、自分自身の現場経験を振り返り、「確かにそうだ」と納得できるものです。

皆さんはどうですか？

資料内の用語である「ルール」については誰もがイメージしやすいことでしょう。しか

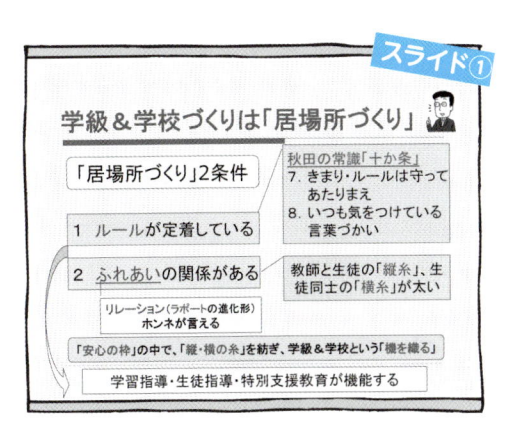

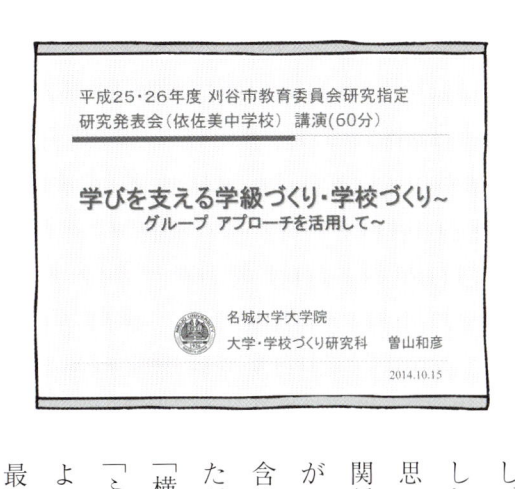

スライド①

学級＆学校づくりは「居場所づくり」

「居場所づくり」2条件
1 ルールが定着している
2 ふれあいの関係がある

秋田の常識「十か条」
7. きまり・ルールは守ってあたりまえ
8. いつも気をつけている言葉づかい

教師と生徒の「縦糸」、生徒同士の「横糸」が太い

リレーション（ラポートの進化形）ホンネが言える

「安心の枠」の中で、「縦・横の糸」を紡ぎ、学級＆学校という「機を織る」

学習指導・生徒指導・特別支援教育が機能する

平成25・26年度 刈谷市教育委員会研究指定
研究発表会（依佐美中学校）講演（60分）

学びを支える学級づくり・学校づくり〜
グループ アプローチを活用して〜

名城大学大学院
大学・学校づくり研究科　曽山和彦
2014.10.15

し、「ふれあい」という用語はどうでしょうか？ 人によってその捉え方がさまざまかもしれません。そこで、本講演内で使用する「ふれあい」の定義をクリアにしておきたいと思います。「ふれあい」とは、リレーションのこと。お互いに構えを除いたホンネが言える関係のこと」です。学校現場でよく耳にする「ラポート」が「プラスとプラスの感情交流ができる関係」であることに対し、「ふれあい（リレーション）」は、「プラスもマイナスも含めた感情交流ができる関係」のことです。この定義もまた國分先生（※1）に学ばせていただいたことです。学級内の教師と生徒を結ぶ糸、生徒同士を結ぶ糸をそれぞれ「縦糸」「横糸」とたとえるならば、それらの「糸」が細い状態を「ラポート」、太くなった状態を「ふれあい（リレーション）」とたとえることができるでしょうか。さまざまな具体方策により、学級内にルールという「安心の枠」をつくり、その中で、縦糸・横糸を紡ぎながら、最終的には「学級・学校という「機を織り上げる」……そのようにイメージできる集団であれば、きっと学習指導・生徒指導・特別支援教育が機能する……これが私の考える「現在地」です。

私がこのように考える根拠は、かつて秋田県教育委員会に在職していた時の経験、そして、今、大学教員として各地の先生方の実践にふれて得た実感にあります。秋田県は全国学力・学習状況調査の結果が良好であり、そのこと自体は当時同県に勤務していた人間としてうれしい気持ちがあふれてきます。しかし、当時から秋田県が「学力、学力！」と目の色を変えて、教育実践に取り組んでいたという印象は全くありませんでした。むしろ、平成19年度に報道等を通して結果を知った際には、「えっ？」と驚きの気持ちが大きかったことを覚えています。それでも時間が経つにつれ、「そうかもしれない」という思いが出始めたのは、学校訪問の際に参観した各学校の授業を振り返り、「どの学級も落ち着いていたなぁ」「子どもたちがうなずいたり、笑顔だったり、良い学びをしていたなぁ」等々、

※1　國分康孝、國分久子　1984　『カウンセリングQ&A　1』誠信書房、132

そこが「居場所」になっていたことを再確認したからでした。

また、当時、秋田県は、教育委員会に報告される学級の荒れはほとんどなく、小中学校不登校出現率、高校中退率も全国的に1、2番の低さであり、生徒指導面の状態の良さも実感していました。さらに、秋田県教育委員会は、学力調査と同時に実施する生活調査で、全国平均を大きく上回る10項目を抽出し、「秋田わか杉っ子学びの10箇条」として整理・公開しています。その7番、8番に記されているのが、「決まり・ルールは守ってあたりまえ」「いつも気をつけている言葉づかい」です。子どもたちが自己認識として、そのように捉えているのです。「ルールとふれあいのある学級であれば、学習指導・生徒指導が機能する」…秋田県各地で参観した授業風景を思い出しながら、今、私は強くそう思っています。日々の行動観察およびアンケート、Q・U等のデータからも、学級が「居場所」になっていると判断できるにもかかわらず、子どもたちの学習の伸びが芳しくない場合もあることでしょう。その時には、私たち教師が教材研究にもうひと工夫する必要があるということでしょう。「鍬（くわ）が十分に入り、耕された田畑」で作物の生育が不十分であるならば、水や肥料の与え方を考えてみる……どうでしょうか？　もうひとがんばりということですね。

通常学級における特別支援教育が見事に機能し、「気になる子」が集団にうまく溶け込んでいる学級にも数多く出会いました。これもこれまで述べてきたことと同じで、学級が全ての子どもたちの「居場所」になっている…ということです。特に、今年で4年間研究にかかわらせていただいている三重県いなべ市立員弁東小学校が本当にすばらしい実践を展開しています。「ユニバーサル（普遍的、万人向け）な授業づくり」を柱に、やはり依佐美中同様、「全校一枚岩」となり、成果を上げている員弁東小学校の実践は、全国各地に発信したい私の「いち押し」です。

62

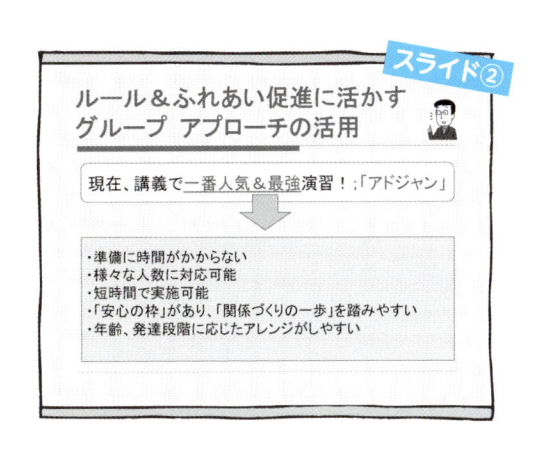

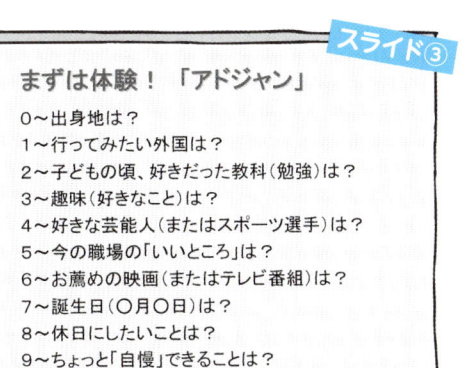

ルールとふれあいによる居場所づくり

では、スライドが変わります。(スライド②) 居場所づくりの2本柱である「ルール&ふれあい」を促すために、皆さんもさまざまな具体方策をおもちのことと思います。私の場合は、ソーシャルスキル・トレーニング&構成的グループ・エンカウンターを取り入れた短時間のグループアプローチを活用しています。実際、今、大学の講義でも取り入れていますが、学生たちからも、「先生、またやりましょう！」と一番人気の演習があります。それが、「アドジャン（※2）」。これまで、小学生から大人に至るまで、授業や講演の中で紹介してきて、「準備に時間がかからない」「さまざまな人数に対応可能」「短時間で実施可能」「安心の枠があり、関係づくりの一歩を踏み出しやすい」「年齢、発達段階に応じたアレンジがしやすい」等がわかってきました。依佐美中の生徒にも人気がある演習ではないでしょうか？

ここまで言いきると、皆さんの中には、「本当かなぁ？」とやや疑問の気持ちが湧いたり、「ちょっと体験してみたい」と気持ちが動いたりしたのでは？　では、せっかくの機会なので、お近くに座っている方同士、3、4人でグループになり、「アドジャン」体験、してみましょう！

90秒しかやりません。テンポが大切なので、それぞれのお題（実際に会場でスクリーン提示した10項目）(スライド③) に対して、「パッ」と答えられるよう、答えを用意しておいてくださいね。では、準備はいいですか？　いきますよ。よーい、スタート！

――「アドジャン」を実施 (進め方は46頁参照)

はーい、90秒です。そこまでにしましょう。きりのいいところでこちらを向いてくださーい。はい、ありがとうございます。子どもたちにとっては短いながらも楽しい「遊び」の時間です。でも、私は遊んでいません。「みんなのうなずきはとってもいいね」「うなずいて話

スライド②
ルール&ふれあい促進に活かす　グループ アプローチの活用

現在、講義で<u>一番人気&最強</u>演習！；「アドジャン」
↓
・準備に時間がかからない
・様々な人数に対応可能
・短時間で実施可能
・「安心の枠」があり、「関係づくりの一歩」を踏みやすい
・年齢、発達段階に応じたアレンジがしやすい

スライド③
まずは体験！「アドジャン」

0～出身地は？
1～行ってみたい外国は？
2～子どもの頃、好きだった教科（勉強）は？
3～趣味（好きなこと）は？
4～好きな芸能人（またはスポーツ選手）は？
5～今の職場の「いいところ」は？
6～お薦めの映画（またはテレビ番組）は？
7～誕生日（〇月〇日）は？
8～休日にしたいことは？
9～ちょっと「自慢」できることは？

※2　滝沢洋司　1999　アドジャン　國分康孝監修　『エンカウンターで学級が変わる　ショートエクササイズ集』図書文化、112-113

を聴く姿は前から見ていて気持ちいいね」等々、ターゲットスキルを「うなずき」として、褒めたり、認めたりして、「うなずき」を「強化」したいと考えています。そうです、ソーシャルスキル・トレーニングをしているのです。だから、最初にやり方を見せたでしょう。「うなずくのがルールだよ」と言って聴かせたでしょう。子どもたちに「トレーニングをするよ」とあえて言う必要もありません。私自身、言ったこともありません。**子どもたちにとっては「遊び」…でも、教師としての私は遊んでいないよ**、ということなのです。

それでは、せっかくの機会なので、構成的グループ・エンカウンターも体験してみましょうか。先ほどは「うなずく」というルールがあったので、メンバーが、「好きな芸能人は薬師丸ひろ子です」と言った時、「なるほど〜」とうなずいただけだったでしょう。でも、うなずきながらも、「なんで？」「どんなところが好きなの？」と、疑問を感じたり、質問したいと思ったりはしませんでしたか？では、次は全体で2分間とりますので、お互いに「もう少し話したい」「さっきのことで質問したい」と思うことを、自由にわいわいと話をしてください。「井戸端会議」のイメージですね。もう先ほどのように、「アジャン！」と指を出してお題を決めるのではありません。「関係づくりの第一歩は相手への関心から」です。先ほど、5、6個のお題について話したり、聴いたりしたことに対して、「薬師丸ひろ子のいちばん好きなところはどこですか？」等のように、「相手の関心」に対して一歩を踏み出してみてください。関係づくりでいちばん寂しいのは、無視されることと。私は、メンバーから、「薬師丸ひろ子の……」と聴かれたら、きっと笑顔で、たっぷり語れます。あっ、そうでした。一つ注意事項がありました。2分間をメンバー全員でうまく使ってくださいね。「1人が2分語る」時間ではありません。「場の空気を読みながら話すこともとっても大事！」です。

では、2分間の「井戸端会議」、どうぞ、始めてください。

―― 2分間の「井戸端会議（話し合い）」を実施

はーい、2分です。そこまでにしましょう。きりのいいところでこちらを向いてください。はい、ありがとうございます。先ほど、構成的グループ・エンカウンターの体験について「井戸端会議のイメージで…」と言いました。実際には、エンカウンターの意味は「出会い」です。今、わずか数分の演習の中で、皆さんが出会ったものが二つあります。その二つに出会うように、私がリードしていたのです。一つは自分に出会うこと。「これが好きな自分」「人とのかかわりが苦手な自分」等々。またもう一つはメンバーに出会ったでしょう？「へぇ、意外。この人は静かなイメージだったけど、結構、話が好きなんだなぁ」「価値観が私と似てる〜」等々。どうでしょうか？この二つには確実に出会うように、私がリードしていたのです。さらに、人によっては三つ目のものに出会う場合があります。それは「人生」に出会うということ。「生き方」「在り方」という意味の人生に出会った人もいるのではないでしょうか？これら三つの出会いをグループで体験するので、「グループ・エンカウンター」と言います。

さらに、國分康孝先生が提唱しておられるのは「構成法」であり、私自身、強い関心をもって学んできたものです。「構成」の意味は、「条件、枠」のこと。今も、数分間、好きに勝手に話をしてよいとは言わなかったでしょう。アドジャンという「課題（エクササイズ、演習）」そのものが一つ目の枠。3、4人でとお願いした「人数」が二つ目の枠。そして、「90秒、2分間」と設定した「時間」が三つ目の枠。これらの枠の中で、メンバーが安心感をもって自分・他者・人生に出会うことを促す理論・技法であるため、「構成的グループ・エンカウンター」と言うのです。このエンカウンターも、ソーシャルスキル・トレーニング同様、子どもに「エンカウンターやるよ！」と必ずしも言う必要がありません。 子どもにとっては、友だちとわいわい話し合う「遊び」です。しかし、教師である私は遊んでい

65

スライド④

ソーシャルスキル・トレーニング（SST；Social Skill Training）～教えることがなじむ技法～

□ SSTは行動の教育
してみせて、言って聞かせて、させてみて
ほめてやらねば　人は動かじ
（山本五十六元帥）

＜基本展開＞
1. インストラクション（言語教示）
2. モデリング（模範提示）
3. リハーサル（実行）
4. フィードバック（評価）

演習；アドジャン

ねらい；あいさつ、話の仕方（○○です）、
話の聴き方（うなずき、視線、表情等）

あの人が　うなずくだけで　出る勇気

「してみせる」ことの大切さ
ソーシャルスキル・トレーニングと構成的グループ・エンカウンター

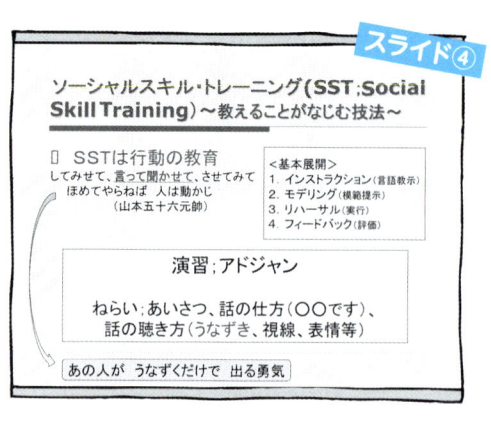

ない。子どもがさまざまに「出会う」ことを願い、前に立つということです。

どうでしょうか？　これが今、私がいちばん学校現場にお薦めしたい短時間のグループアプローチ……ソーシャルスキル・トレーニング＆構成的グループ・エンカウンターを組み合わせたアプローチです。これを学校が一枚岩となり、「よさっぴタイム」として、月曜日5時限目開始前の10分間、全校いっせいに展開しているのが依佐美中です。どうですか、皆さん？　依佐美中の「よさっぴタイム」に続きませんか？

今まで、ソーシャルスキル・トレーニング＆構成的グループ・エンカウンターについて口頭で話を進めてきたので、少しわかりにくい点もあったかもしれません。理論面を整理した資料を準備したので、ご覧ください。

スライドが変わります。（スライド④）ソーシャルスキル・トレーニングは、「行動の教育」であり、教えがなじみます。あとで解説しますが、おおよそ10歳、あるいは思春期より前の子どもたちには積極的に活用するとよいでしょう。アメリカから導入された技法であり、基本展開は、「インストラクション〜フィードバック」まで決まっています。この展開を覚えておくのもよいですが、私自身は、「してみせて、言って聞かせて、させてみて、褒めてやらねば、人は動かじ」という言葉を心に留め置きたいと思います。例えば、「うなずき」というターゲットスキルを教えたいなら、私たち大人が日々してみせます。「『あの人がうなずくだけで出る勇気』という言葉があるよ。だから君たちもうなずきを大切にしてね」と繰り返し、言って

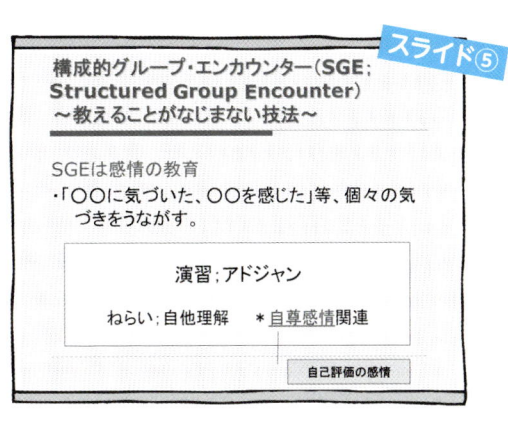

スライド⑥

「アドジャン」での
ルール促進具体方策

「相手の話をうなずいて聴く」ルールならば…

□ ルール違反を見逃さないアンテナによる感知＆対応
- ・対決ユーメッセージ；「話をきちんと聴きなさい」
- ・対決アイメッセージ；「ルールが守れず、残念だなぁ」
- ・「？の問いかけ」；「あれっ？ ルールは何だった？」

□ ルール遵守を見逃さないアンテナによる感知＆対応
- ・肯定ユーメッセージ；「えらいね」
- ・肯定アイメッセージ；「うれしいなぁ、ありがとう」
- ・認めるサイン提示；顔を見ながら、「OK！」サイン

思春期の生徒に「ユーメッセージ」は効きが悪い！

スライド⑤

構成的グループ・エンカウンター（SGE；Structured Group Encounter）
～教えることがなじまない技法～

SGEは感情の教育
・「○○に気づいた、○○を感じた」等、個々の気づきをうながす。

演習；アドジャン

ねらい；自他理解　＊自尊感情関連

自己評価の感情

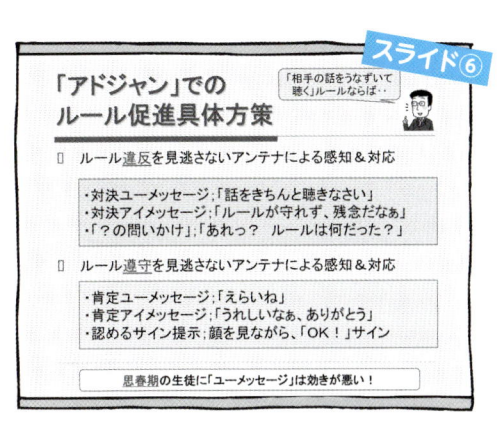

聞かせます。「アドジャン」等の演習をさせ、「うなずきが上手になったね」「この学級はうなずきが多いなぁ」と褒めたり、認めたりすれば、子どもたちには「うなずき」が身につくということです。

では、スライドが変わります。（**スライド⑤**）構成的グループ・エンカウンターは、「感情の教育」であり、教えがなじみません。おおよそ10歳、あるいは思春期よりあとの子どもたちに積極的に活用していきたいところです。先ほどの体験では行っていませんが、実際は、演習後、「シェアリング（気づきの分かち合い）」を行います。「意外と初対面の人とも話ができ、人とかかわることは思ったより簡単だと感じた」「相手の目をなかなか見ることができない自分に気づいた」等々、さまざまな自分・他者・人生に出会うことになるでしょう。例えば、「アドジャン」という演習を行うとき、ねらいは何なのか、自分の立ち位置はどこなのか等を意識して、活動を展開することが大切です。「子どもにとっては遊び。でも、私は遊んでいない」……いつも、私自身、自分に言い聞かせながら、子ども・学生の前に立つようにしています。

思春期の生徒に「よさっぴタイム」によるルール促進

では、スライドが変わります。（**スライド⑥**）「よさっぴタイム」がなぜ、ルールとふれあいを二本柱とする「居場所づくり」に機能するのか、もう少し、話をしていきます。まずは「ルール促進」の観点から。

例えば、「相手の話をうなずいて聴く」というルールを決めたとしましょう。そのルールが学級内に定着するには、二本のアンテナによる対応が必要です。

一つ目のアンテナは「ルール違反を見逃さないアンテナ」。たとえ、小さなルール違反で

67

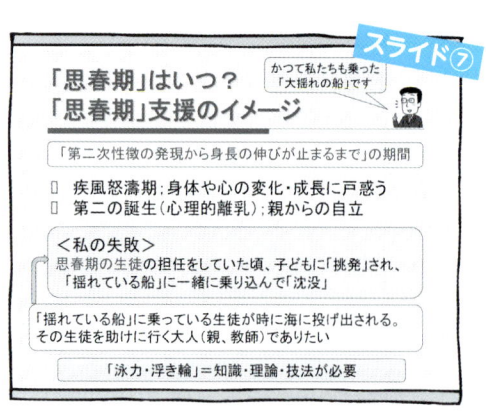

スライド⑦

「思春期」はいつ？
「思春期」支援のイメージ

かつて私たちも乗った「大揺れの船」です

「第二次性徴の発現から身長の伸びが止まるまで」の期間

□ 疾風怒濤期；身体や心の変化・成長に戸惑う
□ 第二の誕生（心理的離乳）；親からの自立

＜私の失敗＞
思春期の生徒の担任をしていた頃、子どもに「挑発」され、「揺れている船」に一緒に乗り込んで「沈没」

「揺れている船」に乗っている生徒が時に海に投げ出される。その生徒を助けに行く大人（親、教師）でありたい

「泳力・浮き輪」＝知識・理論・技法が必要

あってもそのままにしておくと、ルールのほころびは大きくなります。「（あなたたちは）話をきちんと聴きなさい：対決ユーメッセージ」「あれっ？ルールは何だった？」「ルールが守れず、（私は）残念だなぁ：対決アイメッセージ」等の言葉かけによリ、ルール違反を収めるようにします。二つ目のアンテナは「**ルール遵守を見逃さないアンテナ**」。子どもたちは、「大人は僕たちがきちんとしていても全然見てくれないじゃないか！」と不満に思っているかもしれません。「（君たちは）えらいね：肯定ユーメッセージ」「（私は）うれしいなぁ：肯定アイメッセージ」「（顔を見ながら）OKサイン」等の働きかけにより、ルール遵守の姿勢を「強化」していきます。このような「三本のアンテナ対応」により、「よさっぴタイム」におけるルールが定着していきます。

なお、プラスであれ、マイナスであれ、ユーメッセージは思春期段階の子どもには効き目が薄くなります。思春期とはいつ頃なのでしょうか？

では、スライドが変わります。（スライド⑦）かつて私たちも乗った「大揺れの船」が思春期のイメージです。さまざまな定義があり、子どもによって個人差がありますが、「**第二次性徴の発現から身長の伸びが止まるまで**」という定義（※3）が、私の中では最も納得して捉えられるものです。中学校から思春期に突入するのではありません。成長の早い子どもは、小学校の4年生前後で「大嵐」に突入するでしょう。私は思春期真っただ中の中学生を前に、つい生徒の挑発に乗ってしまい、「おまえら、いい加減にしろ！」と対決モードに入っては、荒海に投げだされることもあるでしょう。そのまま放っておくと、生徒は沈んでしまいます。お互いに、泳ぎが苦手であれば、もっている「浮き輪」を投げても助けることができます。この「泳力・浮き輪」が知識であり、理論であり、技法です。「よさっぴタイム」

※3　保坂亨　1988　児童期・思春期の発達、下山晴彦編『教育心理学Ⅱ―発達と臨床援助の心理学』東京大学出版会、103

スライド⑧

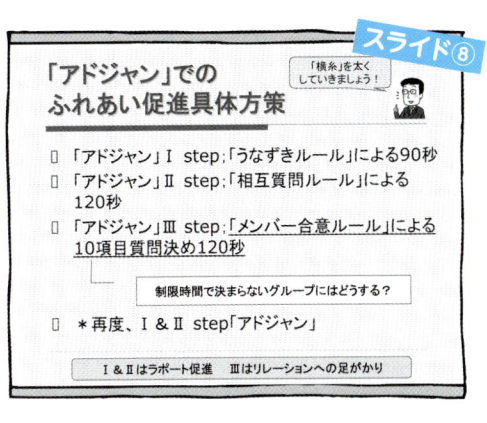

**「アドジャン」での
ふれあい促進具体方策**

「横糸」を太く
していきましょう！

- 「アドジャン」Ⅰ step；「うなずきルール」による90秒
- 「アドジャン」Ⅱ step；「相互質問ルール」による
  120秒
- 「アドジャン」Ⅲ step；「メンバー合意ルール」による
  10項目質問決め120秒

制限時間で決まらないグループにはどうする？

- ＊再度、Ⅰ＆Ⅱ step「アドジャン」

Ⅰ＆Ⅱはラポート促進　Ⅲはリレーションへの足がかり

のベースにあるソーシャルスキル・トレーニングや構成的グループ・エンカウンターもそうした理論・技法の一つです。少しでも「泳力・浮き輪」を身につけることができるよう、お互い、これからもがんばっていきましょう。

「よさっぴタイム」によるふれあい促進

では、スライドが変わります。**(スライド⑧)**「居場所づくり」のもう1本の柱、「ふれあい促進」について話をします。「アドジャン」のⅠ・Ⅱ Stepについては先ほど皆さんに体験していただいたとおりです。ふれあい（リレーション）とは、「プラスもマイナスも含めた感情交流ができる関係」のこと。その段階まで生徒同士の関係性を深めるため、Ⅲ Stepでは、2分間の時間をとり、メンバー同士でアドジャンの10項目質問を考えさせます。私は大学の講義で、このⅢ Stepを取り入れていますが、「おぉ、その質問いいね」「その質問はちょっと言いにくいな。他の質問にしようよ」等、学生たちが、自分のホンネを伝えながらやりとりする場面が見られます。

ただ、2分間質問決めの時間をとっても、おとなしい学生が集まったグループでは、全10項目の質問が決まらないところが出てきます。皆さんは、その時、どうしますか？ さらに時間を延長しますか？ 延長して決まればいいですが、それでも決まらない時には再度延長しますか？ 延長を続けるとどうしても活動に間延びが生じます。早く10項目が決まったグループは飽きて、私語が増えてくるかもしれません。私は延長時間などとらず、「みんなで助け合おう。各グループで一つずつお薦めの質問を紹介してください。いいなと思うものがあれば使ってくださいね」と話し、マイクを使って学生に紹介させるようにしています。すると、あっという間に各グループの10項目が決まります。間延びなどさせ

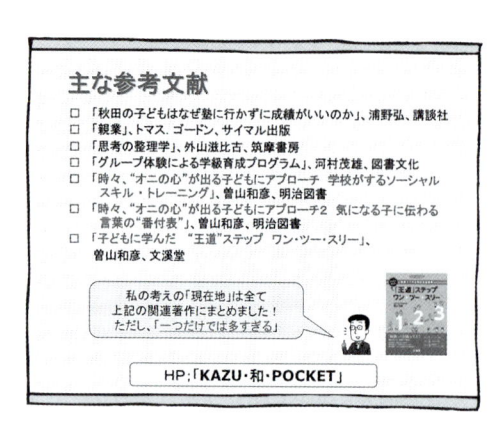

主な参考文献

- 「秋田の子どもはなぜ塾に行かずに成績がいいのか」、浦野弘、講談社
- 「親業」、トマス．ゴードン、サイマル出版
- 「思考の整理学」、外山滋比古、筑摩書房
- 「グループ体験による学級育成プログラム」、河村茂雄、図書文化
- 「時々、"オニの心"が出る子どもにアプローチ 学校がするソーシャルスキル・トレーニング」、曽山和彦、明治図書
- 「時々、"オニの心"が出る子どもにアプローチ2 気になる子に伝わる言葉の"番付表"」、曽山和彦、明治図書
- 「子どもに学んだ"王道"ステップ ワン・ツー・スリー」、曽山和彦、文溪堂

私の考えの「現在地」は全て上記の関連著作にまとめました！ただし、「一つだけでは多すぎる」

HP：「KAZU・和・POCKET」

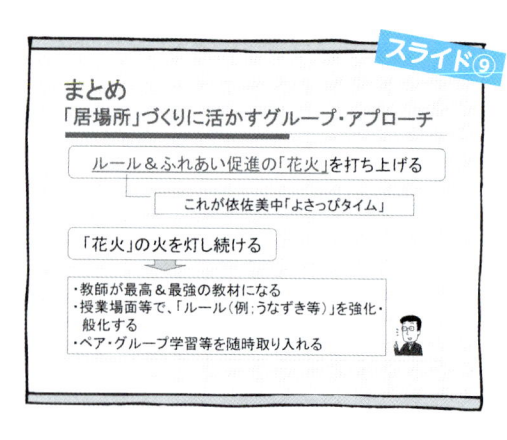

スライド⑨

まとめ
「居場所」づくりに活かすグループ・アプローチ

ルール＆ふれあい促進の「花火」を打ち上げる

↓

これが依佐美中「よさっぴタイム」

↓

「花火」の火を灯し続ける

- 教師が最高＆最強の教材になる
- 授業場面等で、「ルール（例：うなずき等）」を強化・般化する
- ペア・グループ学習等を随時取り入れる

ない一つの方法として、よかったら参考にしてください。このようにして全グループで質問項目が決まったら、次は、再度、Ⅰ・Ⅱ StepによりⅠアドジャン」を進めていきます。どうでしょうか？ ふれあい促進の具体的イメージが湧いてきましたか？

おわりに

では、まとめのスライドに変わります。（スライド⑨）本講演では、「居場所づくり」に活かすグループアプローチとして、「よさっぴタイム」に焦点を当て、これまでその理論的なベースを中心に話を進めてきました。週1回手軽にできる「よさっぴタイム」は、言ってみれば「関係づくりの打ち上げ花火」です。いくら「花火」がきれいでもⅠ花火」はいつか消えてしまいます。依佐美中の実践がすばらしいのは、「花火」の火が消えないように灯し続けている点です。具体的には、生徒にとっての「最高＆最強」の教材である先生方が日常的に「うなずき」「話を聴く」等のルールを自らして見せているところ、また、各授業の中に、ペア・グループ等の活動を随時取り入れ、そこで、強化（強める）・般化（広げる）をしているところです。特に、各授業の中でのペア・グループ活動は、「よさっぴトーク」と命名し、「よさっぴ」をキーワードに、「関係づくり」の連結を図っているところが、依佐美中のオリジナリティ。大きな拍手を贈りたい、すばらしいアプローチです。

私は今、依佐美中が4年間かけて創り上げた「関係づくりの花火」が各地の学校に飛び火することを心から願っています。皆さん、どうですか？「我が校でも是非！」とお感じになったならば、いつでも私にお声をかけてください。きれいな「花火」が打ち上がるよう、少しでもお手伝いしたいと思います。

本日はご静聴、ありがとうございました。

参観者の感想

- 思わず聴き入ってしまう内容だった。来年度担任を受けもったら、アドジャンを是非実施したい。講演の中で曽山先生が、教師と生徒との関係を「機を織る」ことにたとえていたことも印象に残った。日々のかかわり合いを通して、糸を太くしていく。そして、丈夫な織物を1年かけて作る。このことを念頭に置き、今後の実践に活かしたい。

- 現在、人間関係づくりがうまくいかず、社会生活に支障をきたす子が増えているといわれている。大人に対しては、悪い子ではないのに、同世代の中ではうまく関係を築くことができない子もいる。そんな日々、頭を悩ませていることに対して、すてきなアドバイスをいただいた時間だった。内容が具体的で、それでいて理論が明快、しっかりしていてとてもわかりやすかった。ちょっとした時間で取り組めることだったので、是非実践してみようと思った。もっとじっくり話を聴かせてほしいと思った。

- SSTをしようと思っているが、準備時間がとれず、つい後回しにしてしまう。多くのものを用意しようとしていた。よさっぴタイムの実践をまねてみようと思う。「デパート」を広げすぎずに取り組んでみようと思う。

- 「全ての子どもたちが幸せな学校生活を送るために必要なのは、学校・学級の中に安心・安全な居場所をつくることである」という曽山先生の揺るぎない思いのこもった話はいつ聴いても納得し、自分の実践を振り返りつつ、前に進もうと思えるエネルギーをいただくことができる。今回特に心に残ったのは、打ち上げ花火の火を灯し続けることの大切さであり、ここに教師集団の重要な使命があるということ。「よさっぴタイム」を「よさっぴトーク」で深め、ルールとふれあい促進を継続することで、縦糸、横糸を良い加減で紡ぎだすすばらしい織物が仕上がり、依佐美中の伝統となっていくものと感じた。曽山先生の手法は誰にでも無理なくできる理論に裏付けされた有効な教えであると日頃から感じている。この教えを少しでも周囲の学校に広げていきたい。

- 日頃「何となく」思っていたことを、理論立てて説明していただき、自分の頭を整理できた。子どもも同じかもしれないと思った。日常生活の中、感覚で理解しているつもりのことを理論という枠で整理していくのが勉強かもしれないと思った。

- 「人は人の中でしか人にならない」という言葉が印象に残った。高校の授業ではまだまだ取り組んでいないことが多く、明日からの授業を変えて、生徒の良さを引き出せるようにしたいと思った。

- 以前、曽山先生のご指導をいただき、自分の指導の幅が広がったと感じている。ユーメッセージしかしていなかった私が、今ではアイメッセージ、怒鳴らずにすむ指導を心がけている。待つことを心がけ、「ありがとう」と自然に言えるようになってきている。

- 毎回お聴きするたびに、力をいただける。以前、教えていただいたアイメッセージも私の中に活きている。

- 実際の体験を入れていただいたり、テクニックのような話も入れていただいたり、学校で行ううえでの参考になる話が多くあった。「教えることから教師が逃げすぎない」「型を教えることが大切な部分もある」ということにはとても共感できた。教師が率先してしてみせることをいろいろな場面で大切にしていきたい。

Q 数多くあるグループアプローチの中で、なぜ、曽山先生は、構成的グループ・エンカウンター、ソーシャルスキル・トレーニングを使うのですか？

A どの理論・技法にも良さがあります。私自身がエンカウンター、ソーシャルスキル・トレーニングを活用しているのは、学校現場でエンカウンターに初めてふれ、その効果を実感したこと、その後、國分康孝先生・久子先生のご指導を受け、エンカウンターの魅力に強く惹かれたからです。ソーシャルスキル・トレーニングは、私の専門でもある特別支援教育の場で以前から活用されており、その点で、私の興味関心が高かったからです。

対談 依佐美中学校の研究と実践

4年間の研究を終えて
～学校・生徒・教師の成長を振り返る～

依佐美中学校長　**津田 節代**

名城大学大学院
大学・学校づくり研究科 及び
教職センター 教授　**曽山 和彦**

私は、平成23年度から4年間、スーパーバイザーとして刈谷市立依佐美中学校での「関係づくり」の実践と研究に携わりました。40人を超える先生たちが「一枚岩」となって取り組んだ「よさっぴタイム＆よさっぴトーク」の実践における工夫や成果とともに、学校運営の秘訣について、津田節代校長に語っていただきました。

心に響いた「縦糸」&「横糸」の話

曽山 平成26年10月15日に開催された研究発表会は、本当にすばらしかったです。全国各地から参加された多くの先生方の前で、生徒が笑顔で活き活きと活動する姿を見て、私は、「依佐美中の実践・研究をまとめてみたい」と強く思いました。これまでの4年間を通して、校長先生ご自身がお感じになった生徒の課題、実践上の工夫、成果等を、是非、お聞かせください。

津田 私は、ちょうど曽山先生にご指導いただくようになった平成23年度に本校に着任しました。当時、授業中に勝手に出歩く生徒、机に伏せて寝てしまう生徒を見かけることが多く、また、生徒同士の関係にもつながりの弱さを感じました。そうした状況をそのままにしておくと、生徒の心は次第に「荒れて」いきます。心の荒れた生徒は自分を大事にすることができず（＝自尊感情が低い）、ましてや他者を大事にすることはできません。「自分・他者を大事にする生徒を育てる」「生徒同士の関係づくりをする」……この2点に早急に取り組まねばならないと思いました。

曽山 生徒同士の関係につながりの弱さを感じられたということですが、先生と生徒の関係というのはどうだったのでしょうか？

津田 先生と生徒の関係も、生徒同士の関係同様、つながりの弱さを感じました。そのように感じていたときに、校内研修会で曽山先生から、『学級づくりは機織りと同じ。まずは『縦糸（先生と生徒の関係）』を紡いで、次に『横糸（生徒同士の関係）』を紡いで、一反の機に織り上げる」というお話をお聞きし、私の心が動きました。「縦糸」ということで、特に日頃から気になっていたのは、生徒のことを大声で叱る先生がいることでした。思春期真っただ中の生徒を前に、「大声で、高圧的な」指導を繰り返しても、生徒の反発が強まるだけで「縦糸」を紡ぐことはできません。「縦糸」を紡ぎ、それを少しずつ太くしていくために、「理由を聞く」「静かな声で叱る」等を伝え続けました。実践を始めて4年、今では、生徒のことを大声で叱る教師は、本校には一人もいません。

学校全体を「大きな学級」に見立てた体制づくり

曽山 私は、「関係づくり」をテーマとした講演をする際、必ず「自尊感情（自己評価の感情）」と「ソーシャルスキル（人づきあいのコツ、技術）」について話をしています。どちらも人と人がよりよくかかわっていくために欠かすことができないものだからです。依佐美中の先生方に対しても、

73

「自分にOKと言えなければ他者にはなおさらOKと言えない。人づきあいのコツや技術が身についていなければ他ともうまくつきあえるはずがない。だからこそ、自尊感情、ソーシャルスキルを育むことが大事である」ということを繰り返し伝えてきたと思います。そして、私がとてもうれしく思うのは、私が伝えた理論・技法を、依佐美中の先生方がアレンジし、「よさっぴタイム」という、わずか10分程度でできる「関係づくり」の時間を創り上げたことです。

津田 曽山先生の研修を受け、私が先生たちにお願いしたのは、「とにかくやってみないとわからない。まずは、先生の言われたことを素直に全部やってみよう。やってからまた皆で考えよう」ということでした。

曽山 先生方からの反対、あるいは抵抗はなかったですか？

津田 「関係づくり」に関する資料を用意し、「とにかく先生たちにやっていただきたい」という思いを伝え、全校いっせいで活動に取り組むことへの協力を求めました。私は校長なので、担任として子どもたちの教育に直接かかわることはできません。そこで、学校を率いるリーダーとして、体制づくりに力を注ぎました。学校全体を「大きな学級」に見立て、「校長＝担任、教頭＝副担任、教務主任・校務主任＝級長、学年主任＝班長、先生たち＝生徒」というイメージで、皆がそれぞれの役割に応じた力を発揮し、チームとしてよりよい「学級」を創り上げたいと願いました。

「大きな学級の担任」である校長として、先生たちに伝え続けたのは、「何か問題がある場合は必ず報告・連絡・相談すること。ただし、全ての責任は私がとるから、『これがよい』と考えたならば、好きなようにやっていい」ということです。先生たちは、私の思いを受け止め、しっかりと私についてきてくれました。とてもありがたいことでした。

曽山 40人を超える先生方が一つのチームとしてまとまったのですね。すばらしいことですね。

「一枚岩」を築くために

曽山 10月の研究発表会では、「よさっぴタイム」という「関係づくりの花火」を多くの方に観ていただくことができたの

ではないかと思います。「よさっぴタイム」が今のような形（週1回、10分間の活動）として整うまでには、どのような進め方をしてきたのですか？

津田 お互いの授業力を磨くため、教師が生徒役になり、「模擬授業」を行うことがありますが、「よさっぴタイム」も同様に行いました。先生たちが生徒役になって、教室で生徒の席に座り、実際に活動しました。特に、新しく転任してきた先生にとって、「よさっぴタイム」の実体験は、文字や言葉で説明を何回も聞くよりも身体にストンとなじむようでした。私自身、毎回、生徒役として、「アドジャン」「質問ジャンケン」等に取り組むうちに、「よさっぴタイム」の魅力を強く感じるようになりました。何事もやってみなければわかりませんね。

私をはじめ、先生たちにとって「よさっぴタイム」は楽しく、魅力的に映った活動ですが、全ての先生がそのように捉えたかと言えば、そうではありません。私は「大きな学級の担任」なので、「なんで中学生にこんな遊びをやらせなちゃいけないんだ」と不満に感じる先生のことはすぐにわかります。その時には、私が、その先生にそっと声をかけ、校長室で話をします。まず、私が、「先生は問題のある生徒なんだわ」とストレートに言葉を伝えると、先生は、最初、「えっ！」とびっくりします。しかし、次に、「先生の思っていることを聞かせて」と話を進めていくと、いろいろな思いを語ってくれます。実際の学級づくりと同じで、問題行動を起こしそうな生徒とか、ちょっとよそ見をしそうな生徒に、さらりと「目をかける・可愛がる」という感じですね。

曽山 校長先生に思いを聞いてもらうというのは、不満をもっている先生にとっては、「大切にしてもらった」と感じることでしょうね。先生方の不満や抵抗感として、他にも何かありましたか？

津田 私の耳にチラチラ聞こえてきたのは、「どうして、他の先生たちはこんなに無邪気に生徒と遊べるのかわからない」という声でした。

曽山 「よさっぴタイム」では、「自分を開く（自己開示）」場面がかなりありますからね。

津田 「よさっぴタイム」を通して、先生たちが自ら楽しむ姿勢を見せたり、自らを語ったりする範を示さなければ、生徒がついてくるはずはありません。生徒に「心を開け」と言うのならば、まずは先生たち自身が手本を見せることが大切です。しかし、そうは言っても、「よさっぴタイム」に、なかなかなじめない」という先生がいるのも事実です。その時には、その先生を叱るのではなく、「先生がこの活動に抵抗があるということを聞いたよ」と、まずは認めます。そのうえで、その先生の「よさっぴタイム」を見に行きます。校長が見に行けば、先生はもちろん生徒もがんばりますよね。そこで、「生徒が楽しそうだったわ」「教室の雰囲気がぐっと明るくなってきたねぇ」等々、認めたり、褒めたり…ということを繰り返しました。

曽山 「よさっぴタイム」に類する活動に取り組んでいる学校は他にもあるのですが、今、お話にあったような抵抗にあうと、「一枚岩になりにくい」という声が聞こえてきます。依佐美中は、大規模校であるにもかかわらず、いつも邪魔しても、学校全体にまとまり感があるのは、「大きな学級の担任」である校長先生の「気になる生徒」に対する細やかな配慮が効いているのだなぁと思いました。

「よさっぴタイム」のよさを授業に取り入れた「よさっぴトーク」

曽山 「よさっぴタイム」が今のようにスムーズな形で全校体制として定着したのはいつ頃だったのでしょうか？ また、校長先生として、「よさっぴタイム」のよさを感じた場由があれば教えてください。

津田 形が整ってきたのは、研究の2年目（平成24年度）です。当時、友だちの言葉に過剰に反応して教室を飛び出してしまうような生徒がいました。そうした気持ちの不安定な生徒でさえも、「よさっぴタイム」の10分間は皆と一緒に楽しく活動に取り組む姿を見て、改めて「よさっぴタイム」の効果を感じました。その時に学んだことは、 短時間 シンプル 面白い という要素を含む活動であっても、それほど抵抗なく、素直に取り組むことができるのだなぁということでした。

曽山 たとえ小さなことでも、「生徒の変容」という効果を目の当たりにすると、本当にうれしくなりますね。特に、担任の先生方は自分たちの実践に手応えと自信を感じたのではないでしょうか。

津田 そのとおりです。多くの先生たちが、「よさっぴタイム」の活動に手応えと自信を感じたと思います。「うまくいっ

たら、よし次のステップへ…」と、新たな実践への欲が出るのは当然のことです。先生たちは、『よさっぴタイム』であれほど楽しく、仲良く活動できる生徒が、なぜ、授業中は発言する・聴く等がうまくできないのだろうか?」と考えるようになりました。そこで、**各教科の授業においても、小グループの話し合い活動を導入し、それを、「よさっぴトーク」と名付けて実践を始めました。**

曽山 「よさっぴタイム」で灯った「かかわりの火」が消えないよう、各授業の中で「火を灯し続ける」というイメージでしょうか…。「生徒同士の関係づくり」に向けた先生方の思いが、「よさっぴタイム&よさっぴトーク」という新たな流れを生み出したのですね。二つの活動の連結効果として、どのようなものが見られましたか?

津田 本校はまだまだ全体の場で発表することの苦手な生徒が多かったのですが、「よさっぴタイム」のルールである「友だちの話をうなずいて聴く」を大切にして「よさっぴトーク」を続けたところ、苦手意識がかなり薄れてきたように感じました。担任の先生たちも、「授業中、「よさっぴトーク!」と一声かけるだけで、生徒は聴く姿勢にスイッチが切り替わり、とてもよい雰囲気で話し合い活動ができる」と話していました。

曽山 よい意味での「条件反射」のようですね。「よさっぴタイム」で学んだことが生徒の中に定着しているからこそ、「よさっぴトーク」の際にも、「身体の向きを変える、相手を見る、うなずく」等のソーシャルスキル(人づきあいのコツ・技術)が自然に発揮されているのですね。
私はこれまで講演・研修の機会に、「よさっぴタイム」のような短時間グループアプローチの実践を学校現場に提言してきました。私の提言を受け、依佐美中をはじめ、複数の学校が実際に活動を展開してくださったことをとてもうれしく思っています。それらの学校の中で、依佐美中が特にすばらしいのは、「関係づくり」の視点を各授業の中に連結させていったところです。「よさっぴタイム&よさっぴトーク」……全国各地の先生方に「お薦めです!」と強く言いきれるすばらしい実践です。

生徒の変化・成長とこれからの課題

曽山 「関係づくり」の実践・研究を4年間継続したことで、生徒にはどのような変化・成長が見られましたか?

津田 今の3年生は、ちょうど実践・研究が軌道に乗り始めた年度に入学してきた生徒ですので、「よさっぴタイム&よさっぴトーク」に最も多くふれています。活動の中で、男女関係なく握手したり、話し合いをしたり、とてもよいか

77

かわりができる生徒に育っています。また、2年生はどの中学校でもいちばん問題を抱え、指導が難しいといわれる学年ですが、本校の2年生は落ち着きがあります。1年生は上級生に比べるとまだまだ手がかかりますが、それでも、生徒が1年間の振り返りとして、「私もみんなも自然にうなずきができるようになり、すごく成長したと思う」と自ら記すほどの成長が確かにあったと感じています。

それから、「よさっぴタイム」の活動中、繰り返し伝えてきたルールを守ることの大切さという意識が、本校生徒の規範意識につながっているのではないかとも感じます。例えば、自転車の1列走行一つをとってもそうです。生徒には、「横に並ばずに1列で走ろう」ということを伝えましたが、私の心の中には、「難しいだろうなぁ」と、生徒を信じきっていない思いもチラチラと浮かんでいました。ところが、生徒が、交通ルールを守り、きれいに1列になって走行している姿を見て、改めて、生徒はさまざまに力をつけているのだなぁとうれしくなりました。

曽山 本当にうれしい生徒の変化・成長ですね。一方で、これからの課題は何でしょうか？

津田 本校の生徒は、他校の生徒に比べ、自分をアピールする力が少し弱いと感じています。規範意識が高く、おとなしい生徒というプラスの見方もできますが、日々の学校生活の中で、「みんなのために自分は役に立っている」という思いをもてるような経験を多く重ねてきているので、自分に自信をもってほしいです。生徒自身が自分にOKと言うことができるような「自尊感情」を育むことが、私たち教師の課題です。

曽山 4年間をかけて、生徒の「関係づくり」の力を育んできた先生方であれば、これからの課題にもきっと「一枚岩」となって取り組んでいけますね。

教師の変化・成長を促す言葉のかけ方

曽山 この4年間で、先生方にも変化・成長があったと思うのですが、いかがですか？

津田 曽山先生の研修を通して学んだ「アイ（私）メッセージ」による言葉のかけ方を、先生たち全員で意識して使うようにしました。ある若い先生は、それまで生徒に対して自信をもったかかわりができずにいたのですが、「うれしい」「助かる」「困る」「○○しにくい」等、プラスやマイナスのアイメッセージを伝え続けるうちに、生徒との関係が良好になり、「立派な若手教師」に成長しました。「みんなはよくがんばっているなぁ」ではなく、「みんながんばっているから、（私は）うれしいよ」というように、自分の気持ちを相

78

手に伝えるには、アイ（目）コンタクトがとても大切になります。生徒一人ひとりをよく見て、自分の気持ちを生徒に伝える先生の姿が校内でたくさん見られるようになりました。私自身も、アイメッセージを忘れないよう、全校集会などで、「私がどう思っているか」を伝えるようにしていました。

曽山　私は研究発表会当日、先生方の授業を参観させていただきましたが、どこの教室でも、先生方のアイメッセージ「ありがとう」があふれていましたね。私がお伝えしたことを、先生方が日頃から大事にしてくださったことがよくわかり、とてもうれしく思いました。

津田　曽山先生のご指導がありがたかったのは、「何でも学ぼう」という思いの強い若い先生だけではなく、既に「自分のやり方をもっている」ベテランの先生たちにも、十分受け入れやすい理論や技法を提示してくださったことです。

曽山　これまで多くの年数を生徒とともに過ごしてきたベテランの先生方であれば、学習指導・生徒指導等において、「こうやればうまくいく」という手法をさまざまにおもちかと思います。私にしても、既に30年を超えて教壇に立ち、自分なりのやり方というものがいくつか「柱」として自分の中に立っています。それらを誰かに、「そんなのは全く通用しませんよ」と否定されたら、きっとその後の助言等を聞く

気持ちになりません。私自身にそのような思いがあるので、講師として先生方の前に立つときには、「これまで大事にしてこられたやり方を捨てる必要はないですよ」ということを、まず先生方に伝えるようにしています。そのうえで、「関係づくり」に弱さのある現代の生徒の姿、「関係づくり」を促す理論・技法を伝えるならば、ベテランの先生方も納得して聞いてくださるだろうと思っています。実際、教師と生徒、生徒同士の間に「かかわりの糸」が結ばれたならば、ベテランの先生方がこれまで大事にしてこられた学習指導・生徒指導の手法が十分機能するようになります。

津田　私も同じです。ベテランの先生たちに個別で話をする際、「先生の授業の進め方はとてもいいので、後はどうやって授業の中で生徒同士の関係をつくるか、ということを意識しましょう」と助言します。「関係づくり」が難しくなってきた生徒なので、その育成を授業の中でどうすればよいかを一緒に考えましょう、と声をかけると、納得します。

曽山　私たち教師の誰もがもっているプライドに配慮した言葉のかけ方がとても大切ということですね。

生徒・教師に抜群の効果を発揮する「陰褒め（かげほめ）」

津田　生徒とのかかわりにおいて、私が最も大事にしてい

るのは、「生徒の名前を覚え、生徒と直接交流する」ということです。私は、生徒の名前を覚えるのが得意なので、大人数の学校であっても比較的早く生徒の名前を覚えることができました。

曽山 大学生が、私に名前を呼ばれると、「とってもうれしい」と言います。中学生であれば、校長先生に名前を覚えてもらったというのは、なおさらにうれしいだろうと思います。

津田 生徒のよいところを見つけると、必ず名前を呼び、「○○さん、□□だね」と、褒めたり、認めたりするようにします。そして、そのよいところは、必ず、担任の先生に伝えて「担任の先生から褒めてあげてね」と話しておきます。生徒たちには、必ず「あなたたちのことをいつも担任の○○先生が褒めているよ」と声をかけます。最初は、「校長先生、何言ってるんだよ。お世辞言っちゃって」という雰囲気だった生徒たちですが、今では、どの生徒もうれしそうに私の話に耳を傾けます。もちろん、担任の先生についても、「あなたたちの担任の○○先生はよい先生だね」と生徒に伝えるようにします。このような言葉を繰り返し伝えることで、担任の生徒を見る目が変わり、また、生徒の担任への信頼感が生まれてきます。学校全体でこのような働きかけをしていくと、次の年には、各学級の雰囲気が変わり、学校全体の雰囲気が変わっていきます。正のスパイラルが生まれます。

曽山 校長先生の「陰褒め」（＝間接評価）が、生徒たちにも先生方にも大きな効果を発揮したのですね。特に、思春期段階の生徒にとっては、担任からの褒め言葉（＝直接評価）は、たとえそれがうれしいことであっても、素直に受け取れない場合が多くあります。ただでさえうれしい「陰褒め」が、校長先生から届く依佐美中学校……これは、正のスパイラルが生まれて当たり前ですね。

他校へのお手本となる依佐美中の取り組み

曽山 私は依佐美中の先生方と4年間かかわらせていただき、多くのことを学ばせていただきました。「よさっぴタイム＆よさっぴトーク」の実践はもちろんですが、ミドルリーダーの先生方が先頭に立ち、ベテランの先生方、若い先生方をうまく巻き込みながら、「一枚岩」の実践を展開しているということが何よりもすばらしいと思いました。

津田 ありがとうございます。指示系統を整え、学校を「一枚岩」の体制に創り上げることがとても大切です。体制づくりの一環として、比較的若い年齢の先生を研究主任に抜擢し、日々の業務を「褒める」「認める」ことで、的確な指示により学校全体を引っ張るリーダーに育てることを心がけました。研究主任として、研究発表会をやり遂げた彼は、きっ

80

曽山 「任された」という感覚と、仕事への「褒め」「認め」があると、先生方は大きく伸びるということですね。

津田 学校現場で陥りやすい失敗は、上の立場の人間が、自分より下の立場の人間の功績を奪い取ってしまうことです。私自身、若いとき、「私たちががんばったのに、認められるのは学年主任なんだ」と落胆したことがありましたが、そうしたことを若い先生たちに感じさせてはいけません。校長の立場であれば、まず最初に褒めたり、認めたりするのは若い先生たち。教務主任や学年主任のようなミドルリーダーは、後で個別に声をかけて、「よくまとめてくれたね。あなたのおかげで、若い先生が伸びているんだよ」と褒めたり、認めたりすることを大切にすればよいのです。

曽山 依佐美中の先生方が、ベテランから若い先生まで、皆、よい表情で仕事に向かっている理由が今、わかったような気がします。研究発表会当日のアトラクションで、生徒たちによるオーケストラの演奏を聴かせていただきましたが、各パートがお互いの音をしっかりと聴きながら、自分の出すべき音を丁寧に奏でている姿を見て、「あぁ、これも一枚岩だ」と感じました。依佐美中も生徒、先生方が、お互いの声を聴き合い、伝えるべき声を伝え合っているからこそ、「よさっぴタイム&よさっぴトーク」をはじめとする

実践が、「素敵なハーモニー」として、外部の方々の心に届いているのでしょうね。

津田 ありがとうございます。外部の方が見学にいらっしゃると、生徒たちの躍動感ある姿やあいさつ、学校の環境をとても褒めてくださいます。これまで4年間継続してきた「関係づくり」の成果として、本当にうれしく思います。校長の立場で、他校の校長先生にお伝えしたいのは、「どうぞ、先生方一人ひとりの仕事の負担を減らす工夫をしてください」ということです。授業に向けた教材研究、部活動指導等で、十分がんばっている先生方です。たとえ、「これをやってほしい」というものがあっても、仕事が入る「器」には容量の限りがあるということを、管理職の立場として心に留め置く必要があります。

曽山 私も担任を長く務めたので、先生方の多忙感というのはよくわかります。そうした学校現場の状況を鑑みると、週1回10分で行うことができる「よさっぴタイム」は、現代の学校現場に「なじむ」と言ってよいでしょうか？

津田 はい。実際には「関係づくり」を目的とした活動なのですが、先生たちにとっても生徒たちにとっても、かかわり遊びの感覚で進められるので、どの学校でもきっと「なじむ」と思います。このような活動を毎週のように道徳、学級活動等で行おうとすると、気持ちの面でも時間的にも負担

感が生じますが、「よさっぴタイム」にはそれがありません。また、指導案についても、各学年が作成した基本バージョンをアレンジしながら使いますので、全くと言ってよいほど先生たちの負担感はないと思います。これまでの4年間、本校では、「他者とかかわり合いながら自尊感情を高め、主体的に学ぶ生徒の育成」という研究テーマでの実践を行ってきました。今、次年度の刈谷市全体の教育テーマに「自尊感情の育成」が取り上げられるようです。「自尊感情の育成」に着目して進めてきた本校の研究の方向性は正しかったと、全職員で喜び合っているところです。今後、本校としても、これまで培ってきた「関係づくり」をベースに、生徒の自尊感情をよりよく育む実践を引き続き進めていきたいと考えています。

曽山 校長先生、本日は貴重なお話をたくさん聞かせていただきまして、ありがとうございました。依佐美中の先生方、生徒たちから学んだ多くのことを他校に伝えていくという、新たな「宿題」をいただいた気持ちです。全国各地の学校が、「よさっぴタイム＆よさっぴトーク」であふれるよう、私も研修・講演の機会を通して発信していきたいと思います。

対談、ありがとうございました。

（津田校長先生は、平成27年3月をもって、教職を退任されました。
職名は、取材当時のものとさせていただきました。）

「自尊感情の育成」にどう取り組むかが、私たちの課題なのですね。

第4章

「気になる子」の学級親和を促す短時間グループアプローチの実践
~A小学校の実践~

> **「学級親和」とは**
>
> ある児童が友だちとうまくかかわり、なじみ、学級の中にその子の居場所があり、その子にとって学級での生活が楽しいと感じられる状態（※3）。
>
> ※3 松澤裕子・高橋知音・田上不二夫 2009 特別な教育的支援を必要とする児童の学級親和を促進する要因『カウンセリング研究』42、268

「発達障害がある、その疑いがある」等、いわゆる「気になる子」が集団に溶け込み、学習指導・生徒指導が機能している学級があります。そうした学級の担任の声として共通するのは「学級集団づくり」の大切さです。先行研究においても、クラスワイドソーシャルスキル・トレーニングを導入した実践等（※1・2）は、学級全体への支援効果が明らかになっています。それらの知見を各校が活用できるならばそれでよいでしょう。しかし、「時間がない」「専門的な技法は難しい」等の声とともに、実践への一歩をなかなか踏み出せない学校も多くあります。

本章で紹介するA小は、研究テーマに「かかわりの力の育成」を掲げ、依佐美中に学んだ短時間グループアプローチを参考にした実践を展開しています。実践を進める中で、担任の先生が「周りの子どもたちがいなければ、気になるC男は育たなかった」と語るほど、学級全体及び「気になる子」の学級親和が促進され、短時間グループアプローチの効果が見られた学級があります。

そこで、本章では、先行研究の課題に応えるとともに、通常学級に在籍する「気になる子」の支援に向けた一つの方向性を示すため、私の現在の「研究パートナー」であるA小の実践を紹介します。

「気になる子」が溶け込む「関係づくり」

● 短時間グループアプローチ「A小タイム」

A小では、依佐美中の「よさっぴタイム」と同様の活動を、「A小タイム」と名付け、毎週金曜日の朝ドリルの時間帯15分間を充てています。ソーシャルスキル・トレーニング

※1 松川紀子・井上とも子 2010 小学校高学年のADHD児の安定した学校生活に向けた支援『日本特殊教育学会第48回大会発表論文集』763
※2 関戸英紀 2010 通常学級に在籍する5名の行動問題を示す児童に対する支援『日本特殊教育学会第48回大会発表論文集』495

● 資料1　「アドジャン」の振り返り例

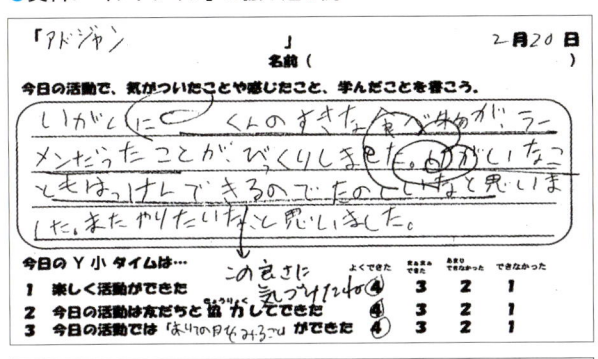

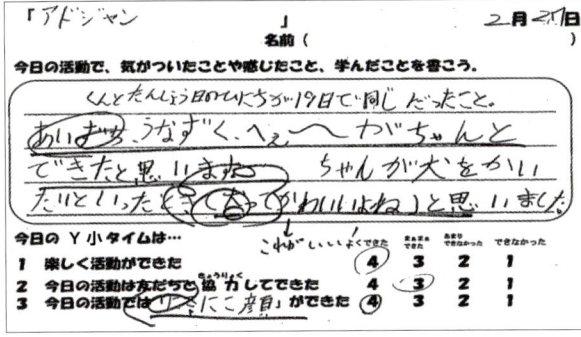

● 資料2　「3学期のA小タイム」の振り返り例

> 國分康孝先生が、ご講演の際に、「SGEとは高級井戸端会議（枠のある井戸端会議）」と話されたことがあります。私は、そのことが強く印象に残っており、校内研修で紹介することがあります。87頁の指導案中に、「井戸端会議」の用語が見られるのは、その紹介を受けてのものです。

（以下、SST）と構成的グループ・エンカウンター（以下、SGE）の演習の中から、「どちらを選ぶ？（三者択一）」「しつもんジャンケン」「アドジャン」「いいとこみつけ（いいとこ四面鏡）」を各学期1回ずつ、ひと月単位で取り組みました（資料3「A小タイム年間計画」次頁参照）。

A小タイムでは、三つの約束…「友だちがにこにこ顔になるように」「先生や友だちの話はうなずいて聴く」「お願いします」「ありがとうございました」のあいさつをする」を意識させながら取り組みました。資料1は「アドジャン」の振り返り例、資料2は「3学期のA小タイム」の振り返り例、資料3は「平成26年度　A小タイム年間計画」、資料4は「A小タイム指導者の心得」、資料5はA小タイム「アドジャン」の指導案です。

資料3 「平成26年度　A小タイム年間計画」

	実施月		タイトル	内　容	ねらい
4	9	1	どちらをえらぶ	・ペア or グループ ・二つの選択肢から一つを選び、自分の選んだものを伝え合う。 ・互いに選んだ理由を伝え合う。	・自分のことをはっきり伝えることができる。
5	10	2	しつもん　ジャンケン	・ペア ・ジャンケンしながら、互いに質問し合う。 ・気になったことを詳しく聴き合う。	・人の話を黙って聴くことができる。 ・人の話を相手の顔を見て聴くことができる。
6	11	2	アドジャン	・グループ ・「アドジャン」のかけ声に合わせていっせいに好きな数だけ指を出す。指の数を合計し、お題（掲示用）の表にしたがって質問に答える。 ・互いに気になったことを詳しく聴き合う。	・人の話をうなずきながら聴くことができる。
7	12	3	いいとこみつけ	・グループ ・友だちの良いところを、カードを通して伝えていく。 （1年生はカードを使わず、言葉で良いところを伝えても良い。）	・友だちの良いところを見つけるとができる。 ・自分の良いところに気づくことができる。 ・友だちに良いところを見つけてもらい、喜びを感じることができる。

資料4 「A小タイム 指導者の心得」

●本時のねらいと活動内容を伝えて見通しをもたせよう
「今日のA小タイムは○○をやりますよ」

●テンポよく（タイマー利用）
質問を受けつけすぎたり、活動の遅いグループを他のグループが待ったりするのは、だれるもと。

●活動の始めと終わりはあいさつを
ペアが変わるごとに「お願いします」
　　　　　　　　　「ありがとうございました」

● 称賛をちりばめよう
「○○さん、ありがとう」
「○○くん、先生はうれしいよ」
「○○くん、いいねえ」

●「人の話はうなずいて聴く」を鍛えよう
盛り上がってきた時こそ、うなずきの確認を。

●どんどん介入しよう
活動がうまく進まないグループに入り込んで、盛り上げのお手伝い。

資料5　A小タイム「アドジャン」[※4] 指導案

アドジャン

中心となるねらい　形態（グループ）
- 相手の顔を見て聴く。
- うなずきながら聴く。
- あいさつをする。

お願いします＆ありがとう　うなずいて聴く　にこにこ顔

1　やくそく確認　めあての確認（1分）

① めあての確認

今日のA小タイムは「アドジャン」をやります。
今日のめあては「相手の顔を見て聴く」「うなずいて聴く」です。

・子どもたちの聴く姿勢ができるまで待つ。
・指示は一度だけ。

2　モデリング（4分）

4番の人	1番の人
3番の人	2番の人

② モデリング＜お題と話型を提示＞

今から4人の子にやってもらいます。
①座席の番号を確認する。
②「お願いします」で始める。
③「ア・ド・ジャン」の掛け声で一斉に0～5本の指を出す。
④出された指の合計の1の位の数と同じ番号のお題を司会が読み上げる。
※司会は1番の人から時計回りの順に行う。

1番の人：お題を読み上げる（司会）
1番の人：「自分の答え」
他の人：うなずきながら
　　「なるほど・へえ・そうなんだ（つぶやき）」
2番の人：「自分の答え」以下3番4番へ

⑤一巡したら2番の人が司会でスタートし、アドジャンを繰り返す。
※同じ数字が出たら、違う数字になるまでアドジャンを繰り返す。

3　アドジャン（6分）

＊子どもたちが向き合うまで待ってから始める。
＊よい聴き方をしている場面をとらえて称賛する。
「しっかりうなずいて、反応してるね」

③ アドジャン

黒板に提示されているお題を見て、答えを考えましょう。（1分間）
グループの子と向かい合ってください。時間は1分半です。あいさつをして始めましょう。
・タイマーセットをして始める。
・終わったら井戸端会議を行う。（約1分半）
・あいさつをして終わる。
・グループを替えてやってみる。

4　評価（4分）

0　学校の教科で何が好き
1　仲良しの友達と遊ぶとしたら
2　まほうが使えるとしたら
3　飼ってみたいペットは
4　好きなテレビ番組は
5　○○小っていいなと思うこと
6　家で何をしている
7　好きなキャラクター
8　3日続けて食べても平気な料理
9　生まれ変われるとしたら

※相手の気持ちを考えて否定的な反応はしない。
※お題を見ずに相手の顔を見て話す。

④ 評価

今日の活動を振り返り、感想を記入する。

・振り返りメモの受け渡しや回収時は、「お願いします」など、一言添える。

＊盛り上がりすぎて、めあてを忘れているような時は中断して、再度めあてを確認する。
※活動時間や井戸端会議の実施時間は、学年の実態に応じて調整する。

井戸端会議：相手の答えを聴いて、詳しく聴きたいことを質問し合っていく。

※4　滝沢洋司　1999　アドジャン　國分康孝監修『エンカウンターで学級が変わる　ショートエクササイズ編』図書文化、112-113

「関係づくりの火」を灯し続ける
〜A小対話（ペア・グループ）からクラス対話へ〜

A小では、「かかわりを促進する手だて」として授業内の対話活動を重視しています。

対話には、ペア、グループ、クラス全体という形態があり、それらを「A小対話（ペア・グループ）」「クラス対話」と呼んでいます。A小対話は、「A小タイムのように話す」と捉え、かかわりのスキルやコツを活かせるよう、対話をしているときのうなずきや相づちを奨励しています。また、「ペア対話のコツ」（※5）〜①交互に話す（話しきらず、少しずつ話す）、②相手の言ったことに反応する・言葉を返す、③時間内は話し続ける〜も取り入れています。

A小対話の前には必ず一人調べや一人読みの時間をとり、子どもたちが自分の意見をもてるようにします。その後のA小対話では、互いの意見を聴き合う中で友だちのようなずきや相づちによって、子どもたちは自分の意見に自信がつきます。

●資料6　クラス対話でのレベルアップ「話型」例

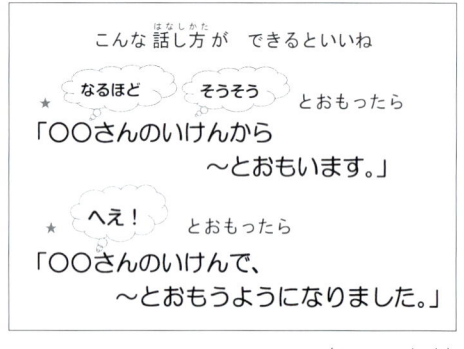

(1年生)

こんな 話し方が できるといいね
★ なるほど　そうそう とおもったら
「〇〇さんのいけんから
　　　〜とおもいます。」
★ へえ！ とおもったら
「〇〇さんのいけんで、
　　　〜とおもうようになりました。」

(2・3・4年生)

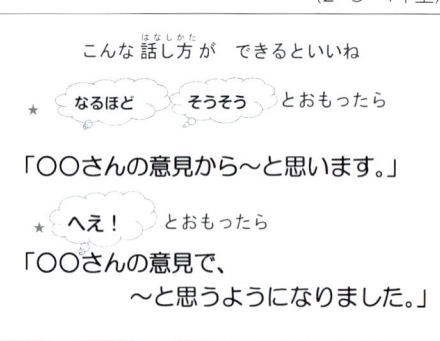

こんな 話し方が できるといいね
★ なるほど　そうそう とおもったら
「〇〇さんの意見から〜と思います。」
★ へえ！ とおもったら
「〇〇さんの意見で、
　　　〜と思うようになりました。」

(5・6年生)

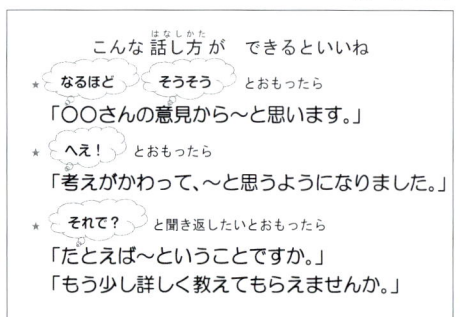

こんな 話し方が できるといいね
★ なるほど　そうそう とおもったら
「〇〇さんの意見から〜と思います。」
★ へえ！ とおもったら
「考えがかわって、〜と思うようになりました。」
★ それで？ と聞き返したいとおもったら
「たとえば〜ということですか。」
「もう少し詳しく教えてもらえませんか。」

※5　二瓶弘行　2010　『「説明文一日講座」ペア対話のコツ』文溪堂、28

> **「Q‐U」とは**
>
> 　Q‐Uは、河村氏によって開発された、学級集団の状態を客観的に把握するための心理尺度である（※6）。学級の満足度を「被侵害感」「承認感」の2軸で測る「学級満足度尺度」と、学校生活への意欲を「友だち関係」「学習意欲」「学級の雰囲気」の三つで測る「学校生活意欲尺度」から構成された児童の自己評定によるアンケート調査である。
>
> ※6　河村茂雄　1999　楽しい学校生活を送るためのアンケート　『Q‐U実施・解釈ハンドブック小学校編』図書文化

● 中学年B組の変容　〜学級がよりよい居場所に!!〜

　「関係づくり」実践に向けたA小タイムは、どのような効果があったのでしょうか？

　A小では、子どもたちの学級適応状態を把握するために、「学級診断尺度アンケートQ‐U（以下、Q‐U）」を導入しています。本項では、A小タイムが金曜日の朝ドリルの時間帯（15分）に設定された6月と年末の12月のデータ比較及び担任による行動観察記録から効果を整理します。効果検証のための抽出学級はB組。A小タイムの実践推進担当B先生の学級であり、子どもたちの大きな変容が見られた学級です。

①Q‐Uの結果から

　t検定の結果、被侵害得点以外は、統計的に有意なプラス変容（学級雰囲気…5％有意、承認・友だち関係・学習意欲…1％有意）が示されました（次頁資料7参照）。また、統計的な有意差は認められなかったものの、グラフ（資料8参照）に示されたとおり、被侵害得点は全国平均よりかなり低いことから、学級における子どもたちの安心感の高さは維持されていることが推察されます。以上の客観データから、当該学級は6月から12月にかけて、より

　クラス対話では、もっと友だちの意見が聴きたいという思いをつなぐことで、意見交流を通して自分の意見や考えが深まっていきます。クラス対話では、子どもたちがさまざまな意見を交換できるようにするため、まずは話型に沿った話し合いの仕方を練習しました。中学年以上では、基本型である「〜さんの意見に似ていて」「〜くんに付け足して」「少し違って」などを活用した話し合いができるようになってきており、話型をレベルアップ（資料6参照）させることで、よりよいかかわり合いができる工夫をしました。

89

● 資料7　B組（34名）のQ-U各得点平均値の比較

	6月	12月	t値
承認得点	19.29 (2.87)	20.65 (2.53)	3.50**
被侵害得点	9.29 (3.48)	8.53 (3.09)	1.51
友だち関係得点	10.35 (1.32)	11.00 (1.28)	3.63**
学習意欲得点	10.21 (1.45)	10.85 (1.20)	3.57**
学級の雰囲気得点	10.18 (1.49)	10.65 (1.35)	2.14*

（　）内は標準偏差　　*p<.05　　**p<.01

> 検定は、最初に「AとBには差がない」と仮定する（帰無仮説）。検定の結果、帰無仮説が覆されると、「AとBに差がある（すなわち有意）」と認める。検定により、あるいは正しいかもしれない仮説（AとBには差がない）を棄却してしまう危険を「危険率」という（別称「有意水準」）。例えば、1％有意とは、「AとBには差がない」という仮説を棄却してしまう危険が1％あるということ。逆に言えば、99％は「AとBに差がある（すなわち有意）」と認められるということを示している。

よい居場所になってきているのではないかと考えられます。

● 有意差検定

A小では、6月と12月に実施したQ-U調査の結果をもとに、有意差検定を行っています。有意差検定とは、AとBの間の差が偶然によって生じたものか否かを判定するものであり、A小が行ったのは、平均値の差を検定する「t検定」です（検定結果の数値をt値という）。

② 担任の行動観察記録から

続いて、担任であるB先生の行動観察記録から、「A小タイム」を中心に、子どもたちの様子及び変容を整理してみます。

● A小タイムは「うなずくこと」を重視した。「うなずく」とは、どういうことか、A小タイムの始めに、あるいは授業で考える時間をとるようにした。「うなずく」のは、ただ首を縦に振ることではない。相づちをうったり、つぶやいたりといろいろある。例えば、「ああ、そっかあ」「なるほど」「そうなんだ」と具体的に言葉にすることで、よりはっきりと「うなずき」がイメージできる。それらを実際に子どもたちの口から出させることで、自然なうなずきができるようにしていった。これは授業で活かされており、友だちの発言に対して自然につぶやきが出るようになった。また、うなずきも多くなり、聴いている態度が見ていてわかるようになった。うなずいて聴く態度は、全校朝会のような大勢が集まった場でも見られるようになった。

● 3学期には、A小対話でも話し始めに自然に「お願いします」の声が出た。これ

● 資料9　B組のQ‐U得点
　　　（友だち関係・学習意欲・学級雰囲気）平均値

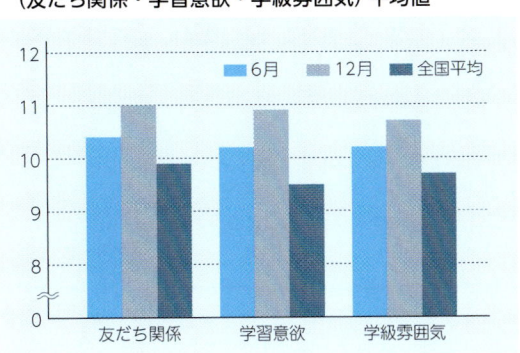

● 資料8　B組のQ‐U得点（承認・被侵害）平均値

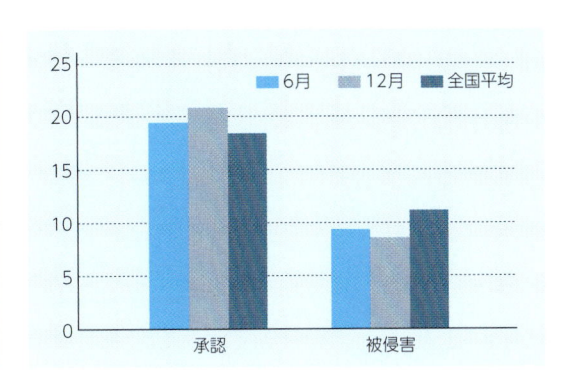

「気になる子」C男の変容　〜「井戸端会議」が大好きに!!〜

① Q‐Uの結果から

C男のQ‐U各得点は、6月から12月にかけて、承認得点（15→16）、被侵害得点（13→13）、友だち関係得点（10→10）、学習意欲得点（7→7）、学級の雰囲気得点（8→8）であり、数値面での変容は認められませんでした。

② 担任の行動観察記録から

続いて、担任であるB先生の行動観察記録から、「A小タイム」を中心に、C男の様子及び変容を整理してみます。

● 多くの友だちとかかわれるよう、A小タイムでは毎回違う子どもと活動できるようにグ

●

A小タイムで初めて取り組む演習では、子どもの興味を引き出すために、2、3分程度、演習名からどんな活動をするのか説明する時間をとった。「いいとこみつけ」では、「今月は、『いいとこみつけ』をするよ。どんなことするのかな」と聞いてみた。すぐに「友だち！」と答え、得意なこと・目立つこと・好きなことを見つける活動かなと話が進んだ。「これね、やっていくと自分のいいところも見つかるんだ」と子どもたちに言うと、全員「どうして〜？」と盛り上がる。そこで、タイミングよくルールを説明した。戻ってきたシートをうれしそうに眺める姿は非常にかわいらしく思えた。

のことまで自然にわかるということに、子どもたちは喜んで取り組めた。自分

には私も驚き、思わず、「すごいね。みんな。あいさつまで」というと、「A小タイムみたいな感じがしたから」といううれしい言葉が返ってきた。

91

B先生の気づき
ソーシャルスキルを活かす場はたっぷり！

プリントを配るときは「はい、どうぞ」と必ず言う。すると、自然に子どもも「ありがとう」と言う。係の活動後は、「〜係さん、いつもありがとう」と声をかける。「ありがとう」の心地よさを子どもたちに実感させたい。学校生活の中で、ちょっと意識すれば、たくさんの「ありがとう」の場面があることに、私自身、気づいた。

- ループ分けをしたことで、友だちとかかわり合うことが苦手な児童が変容を見せ始めた（資料10「C男の振り返り」参照）。

- 友だちに興味を示さなかったC男は、まず「自分の話を聴いてもらってうれしい」と感じるようになった。小さな子どもと同じように、今は「自分のこと」を話す喜びに浸っていることが資料から読みとれる。この状態を乗りこえると、友だちの理解へと向かっていけると思う。このような児童の多くは、日常生活の中で、「ありがとう」が言えない。友だちに助けてもらっているという意識が低いと捉え、「ありがとう」を子どもたちみんなに意識させた。みんなで「ありがとうの輪」を広げていく中で、ありがとうが言えない子どもに「ここは言えるといい場面」だということを声かけした。小さな声でも言えたら必ず褒めるようにした。そして、他の子どもたちにも「ありがとう」の大切さを認識させた。やがて、学校生活での不満が消え始め、笑顔で過ごせるようになった。

◆ まとめ

A小B組の実践の分析を通して、改めて「学級集団づくり」の大切さが明らかになったと考えられます。短時間グループアプローチ「A小タイム」を導入し、学級全体及び「気になる子」の学級親和を促すことで、「気になる子」が集団に溶け込むということが、数

● 資料10 「C男の振り返り」

質　問	番号
そう思う・4　まあまあそう思う・3　あまりそう思わない・2　そう思わない・1	
① 楽しかったですか	④・3・2・1
② 始めや終わりのあいさつができましたか	4・③・2・1
③ うなずいて話が聞けるようになりましたか	4・③・2・1
④ 相手の顔を見て話が聞けるようになりましたか	4・3・②・1
⑤ 相手の話をしっかり聞こうという気持ちが高まりましたか	④・3・2・1
⑥ 自分のことを話せましたか	4・③・2・1
⑦ 自分のことを聞いてもらってうれしかったですか	④・3・2・1
⑧ 友だちのことが分かりましたか	4・3・②・1

感想
やってみて、よかったことを書きましょう。

ぼくは、やる前は話すことは少なかったけれど、やってから、話すことを少し楽しく思えることができました。

値データ、担任による行動観察の結果から示唆されました。担任であるB先生の言葉「周りの子どもたちがいなければ、気になるC男は育たなかった」、……これは、通常学級における特別支援教育を推進するうえで、全ての教師が心に留め置く必要のある言葉と言えるのではないでしょうか。「短時間＆シンプル」ゆえに、子どもたちにも教師にも負担感なく取り組むことができる「A小タイム」は、依佐美中「よさっぴタイム」の小学校版として、各地の小学校にお薦めしたい活動です。

〈他校の実践を自校に取り入れるための具体方策〉

ひと言でいうならば、「管理職、ミドルリーダーが丁寧に道をつくる、整備する」ということに尽きます。依佐美中の実践を自校に取り入れるために、A小が行った具体方策は次のとおりです。

● 依佐美中を訪問し、実践について直接聞く
　→ヒントを得るために年度末に訪問
● 新年度初めの依佐美中校内研修（私が講師を務めている）に参加する
　→校長、研究主任他数名の先生方が参加
● 参加後の先生方の感想

　先日の本校での研修に続き、今回、先生のお話をお聴きして、更に、深く理解できたように感じます。とりわけ、「打ち上げた『花火』の火をリレーする」という言葉が心に残りました。そして、リレーすることは、正しく型を教えながら、「日に用いて知らず」の状態に子どもを育てていくということであり、そういう取り組みをすることが本校の研究の方向ではないかと考えました。今後、朝の帯の時間を活用し、毎週金曜日に「A小タイム」

と称して、実践を重ねていきます。そして、そこで学んだソーシャルスキルが日々の授業や生活の中で、自然に出てくるように粘り強く取り組んでいきます。子どもたちの幸せのために本校職員「一枚岩」になってがんばります。

- グループアプローチに関する自らの理解を深めるために、校外研修に参加する
→「私が主催する研修会」に、校長、研究主任、教務主任等の「熱い思い」は、2年間変わることなく私の元に届けられました。平成27年10月に開催された研究発表会が「大成功」（参観者の感想は次頁）に終わったのも、そうした「思い」がA小全体を包みこみ、教師・子どもたち皆が乗った「一枚岩」の「学校風土」を創り上げたのだろうと思います。依佐美中の研究発表会後にも感じたことですが、A小の研究発表会を終えた今、改めて、私の中に湧き起こってきたのは、

（「私が主催する研修会」＝「学校におけるカウンセリングを考える会」HP参照）

◆ **おわりに**

私がA小の研究・実践にスーパーバイザーとしてかかわったのは、平成26・27年度の2年間です。「子どもたちを育てたい」という管理職、研究主任、教務主任等の「熱い思い」は、2年間変わることなく私の元に届けられました。

「子どもたちも先生方もすごい！」ということ。

子どもたちにも先生方にも大きな拍手を贈ります。2年間、共に研究・実践にかかわらせていただき、幸せでした。本当にありがとうございました。

94

A小学校研究発表会 アンケート

1. 研究内容について

- 授業や学校生活等に子どもの人間関係をもち込むという取り組みは、積極的に進めていきたいものであり、自校でも試みているところです。A小では人間関係の把握を教師の勘（感覚）のみに頼らず、Q-U検査とその分析を用いて、誰にでもきちんと取り組めるようにしているところがすばらしいと思います。

- 学級集団づくりでかかわり合うための人間関係を築き、A小タイムでかかわり合うためのスキルを身につけ、授業で活かす。そのための研究であると捉えました。

- 自尊感情を高める取り組みはどの学校でも必要なものだと思います。Q-Uを使っていることで指導の根拠や子どもの変容がわかりやすいなと思いました。

- 「かかわり合い」についての研究で、日頃の授業に活かせるため、大変勉強になりました。特にA小タイム、A小対話（グループ）→全体の流れの中で「かかわり合い」が活きていて、印象的でした。

- わかりやすくめあてがはっきりしていて、子どもたちも取り組みやすいと感じました。

- A小タイムでの子どもたちの反応は、意見を発表するときの自信につながったのではないかと思います。大きな声で堂々と発言できる環境づくりができるのがすばらしいです。

- A小タイムとは一体どんなことをするのか興味がありましたが、実際に子どもたちを使ったデモンストレーションがあったことで、とてもわかりやすかったです。また「かかわりの力」を育むためにぴったりの時間だと感じました。

- A小タイムでの子どもたちとのかかわりを見ていて、いい雰囲気だなと思いました。うなずきや笑顔を重視したかかわりの大切さを学びました。

2. 公開授業について

- 4年道徳を見せていただきましたが、意見発表が止まらなくてビックリしました。友だちの意見を聴いてつなげて発表しているのがすごいです。5年・1年ものぞきましたが、子どもたちの声が大きく、A小タイムの成果ですね。

- 子どもの人の話を聴く姿勢がとてもよく、話し合いの素地が養われていると思いました。A小タイムが学級に浸透している結果だと思いました。

- 3年生と5年生を見せていただきました。3年生では、授業の中の話し合いの場面でも、「話している人をきちんと見よう」「あいづちは？」等、かかわりの仕方をしつけていく部分が見え、安心して話し合うためのルールをつくられているところだなと感じました。子どもたちは「例えば」があるから要約には入らない等の発言があり、よく考えているなと思いました。5年生では、全員が課題を解決するために考え合う姿が見られました。Q-U満足群が多い学級では、こんなすばらしい授業ができるんだと思いました。発言のとき、「○○くん、がんばったね」と声をかけたり、「え～本当？」と反応をしたりする先生の対応に学級の人間関係を考慮していることがうかがわれ、さすがだなと思いました。よい授業を見せていただき、ありがとうございました。

- 2人でのかかわり、学級全体のかかわり、発表の指示等もとてもよい授業でした。かかわりにこだわった授業がよくわかりました。

- 先生は必要な舵とりしかしていない授業。子どもたちが見事に考えをつなぎ、進めていく授業をみせていただきました。すばらしかったです。

- 6年生を中心に見せていただきました。グループワークや机間指導で先生が子どものそばで笑顔で話を聴いていて、子どもにしてほしいことを先生が実践しているなと思いました。

3. 記念講演について

- 曽山先生については、「hito*yume」の文章をよく読んでいたので、「関係づくり」や「教室でできる特別支援」についてのお話を聴けると楽しみにしていました。今回は、ソーシャルスキルの大切さについて、特に強調されました。自分の目の前の子どもたちとのかかわりを考えるとなるほどと納得できました。また「ソーシャルスキルを教える時間は週1回でよい。授業で取り入れて継続していく」のは、授業そのものをソーシャルスキルの実践の場にするということだと思いました。この方策を上手に取り入れていきたいと思いました。

- 曽山先生のお話を初めて聴かせていただきました。自尊感情やソーシャルスキル、SST、SGEについてよくわかりました。今の子どもたちに足りていない部分なので自分でも取り入れていきたいです。

- A小学校が研究してこられたグループアプローチについて、理論から実践までよくわかりました。1週間に1回、15分というところが、長く続くコツだと思いました。

- すぐに実践に使える具体的な声のかけ方がわかりやすかったです。お互い認めるためには「うなずく」という動作が大きく作用することに改めて気づきました。明日から使っていきたいと思います。

- とてもやさしい語り口調で引きこまれました。ユーメッセージがつい言葉になってしまいます。今からアイメッセージを意識していきます。とてもいい講演でした。勉強させていただきました。

- 小学校4年生はさまざまな教えがなじむ時期ということを知り、高学年女子が褒めれば褒めるほど自尊感情が落ちていくというのもとても納得できました。

第5章

「関係づくり」に悩む君に
伝えたい・伝えられること

「関係づくり」に悩む君に…
7 Day's Pocket

教師であれば誰もが「子どもとよい関係をつくりたい」「子ども同士によい関係をつくりたい」と願い、日々の実践に取り組んでいることでしょう。この「関係づくり」への思いは、私自身、かつて公立学校教員として子どもの前に立っていた時もそうでしたし、大学教員として学生の前に立っている今も変わりません。

しかし、どうでしょうか？「関係づくり」は簡単にできるものでしょうか？　本書で紹介した依佐美中の先生方にしても、初めからスムーズな「関係づくり」ができたわけではありません。「疾風怒濤期」「第２の誕生」と形容される思春期真っただ中の生徒たちを前に、試行錯誤の日々が続いたことでしょう。

また、まもなく教師生活33年目を迎える私にしても、いまだに「関係づくり」の悩みが尽きることはありません。先日、ある女子学生が私からの注意を受けて落ち込み、「先生は私のことを嫌っている」と事務職員に泣きついたことがありました。ある程度、彼女との「関係の糸」は紡がれていると思ったうえでの注意であっただけに、改めて「関係づくり」の難しさを突きつけられた感がありました。このように、私自身、いつまでも尽きることのない「関係づくり」の悩みを抱えていますが、それでも、悩みに向き合う中で、「あっ、そうか」と気づく、「なるほど」と納得する…等々を繰り返し、「教育のPocket」に「関係づくり」のノウハウが少しずつ貯まってきています。

本章では、それらの中から、本書の登場人物「希実先生」のような若手教師（以下、君）に、特に伝えたい・伝えられるものを選んで紹介します。私の体験を言葉にしたものもあれば、恩師から学んだ言葉、本を通して学んだ言葉もあります。それらを1週間、1日ずつ、私のPocketからふれてもらえるよう、「7 Day's Pocket」と題しました。Pocketからの出し入れは自由自在…。君の背中を優しくひと押しする「順風」となることを願って…。

98

1.
Monday Pocket
関係づくりの第一歩は相手への関心

私は今、将来の教師を目指す学生に対して、この言葉を、講義の中で繰り返し伝えています。これからも、学生の耳・口・身体になじむまで、この言葉を伝え続けます。

ある小学校を訪問した際、中学年の担任である若いM先生（男性）から、「やんちゃなA男とがなかなかうまくかかわりがもてず困っています。どうすればよいのでしょうか？」という相談を受けたことがあります。以下は、その時の私とM先生とのやりとりです。

私　その子の好きなこと・得意なことは何ですか？

M先生　A男はサッカーが好きで、スポーツ少年団にも入っています。

私　それなら、先生が朝とか昼休みに、A男と一緒にサッカーをすればいいじゃないですか。A男は、きっとうれしいと思いますよ。

M先生　ええ、でも、僕はサッカーが好きじゃないんです。

私　……

M先生と話してみて、「あー、だから、この先生は子どもとの関係がうまくいかないんだな」と思いました。相手との関係をつくるために、まずは、その相手が何に関心をもっているかを知る。そして、次に、その関心の「土俵」に足を一歩踏み入れる。この手順を踏めば、関係づくりは比較的スムーズに進みます。A男とのよりよい関係をつくりたいならば、自分が好きとか嫌いとかにかかわらず、一緒にサッカーをすればいいのです。「本田圭佑選手ってカッコいいよね」とサッカー選手を話題に話をすればいいのです。A男が関心をもっているサッカーという「土俵」に足を一歩踏み入れれば、少しずつ、「かかわりの糸」が紡がれていきます。

教師と子ども、子ども同士、教師と保護者、子ども同士……関係づくりの対象はさまざまですが、「第一歩は相手への関心」ということはみな同じです。

君もそうでしょう？「群馬県の出身なの？ゆるキャラ『ぐんまちゃん』ってかわいいよね」「大学では卓球部だったの？戦型は何？ペン？シェーク？」「えっ？薬師丸ひろ子のファンなの？そう言えば、朝の連続ドラマ『あまちゃん』にも出てたよね」…等々、君への関心をもってもらったらうれしくなるでしょう。子どもたちならなおさらです。

「関係づくりの第一歩を踏み出しているかな？……常に自分に問いかける君でいてください。」

2.
Tuesday Pocket

「I think」の前には理論が必要

私の教育カウンセリングの師は、國分康孝先生（東京成徳大学名誉教授）です。先生からは、「関係づくり」を考えるうえでの大切なことをたくさん学ばせていただきました。中でも「「I think」の前には理論が必要である」という言葉は、私にとって、座右の銘の一つになっています。

子どもとの「関係づくり」に悩んだら、まずは、それまでの経験や勘を頼りに、「I think…ボク（ワタシ）はこう思う」と、子どもに向き合うのもよいでしょう。しかし、いつまでも経験や勘に頼っていては、教師としての「軸足」が定まらないのではないでしょうか。本書の「希実先生」のように教職経験を重ねたならば、教育学、心理学、カウンセリング等の理論にふれ、その中から自分の「軸足」となる理論を選び、深く学んでいくことが必要だと思います。

私は若い頃、「子どもは褒めて育てるもの」と思い込んでいました。しかし、中学生の担任をしたとき、「褒めがなじまない」生徒たちに出会い、褒めれば褒めるほど、私との関係が悪くなったという苦い思い出があります。その後、T・ゴードンの「親業」にふれ、中心概念である「アイメッセージ」「ユーメッセージ」を学んだとき、「あー、そういうことか」と、強く納得しました。今、私の中で、子どもに向き合うときの「I think」にブレが少なくなっているのは、親業が一つの「軸足」になっているからです。

今、君にお薦めの本が2冊あります。きっと、お二人の先生から、「関係づくり」のヒントをもらうことができます。

〈おすすめ文献〉
● 國分康孝　1996　『ポジティブ教師の自己管理術──教師のメンタルヘルス向上宣言』図書文化
● T・ゴードン、近藤千恵（訳）　1970　『親業』サイマル出版

100

3.
Wednesday Pocket
人生の主人公は自分自身

さまざまに心を砕き、努力を重ねても、子どもとの、そして、子ども同士の「関係づくり」がなかなかうまくいかないことがあります。そのとき、ゲシュタルト療法の創始者、F・S・パールズの『ゲシュタルト療法』を読むと心が少し楽になるでしょう。「祈り」の一部をパールズ著『ゲシュタルト療法』から引用します。

> ～ゲシュタルトの祈り～※
>
> 私は私　あなたはあなた
> 私がこの世に生きているのは、
> あなたの期待に応えるためではない
> また、あなたがこの世に生きているのは、
> 私の期待に応えるためではない
>
> （以下、略）

どうでしょうか？　ゲシュタルト療法は、実存主義的心理療法の一つです。「祈り」の中に、「人生の主人公は自分自身である」という実存主義の哲学が流れている…そう感じませんか？

「関係づくり」をあきらめなさいという「祈り」ではありません。私たち教師は、この子と、あるいは、この子たち同士が「出会えるといいなぁ」と常に願いながら、働きかけを続けます。そのうえで、なかなかうまくいかないことに直面したら、「ゲシュタルトの祈り」を思い出してみる…そうすると、「そうだった。人生の主人公は自分なんだ」「よし、また明日がんばろう」という気持ちの切り替えができるのではないでしょうか。

私も、今の君と同じように、子どもとの「関係づくり」に悩んだ経験がたっぷりあります。その とき、「症状」を軽減してくれたのが、この「ゲシュタルトの祈り」という「言葉の薬」でした。君も「薬箱」の中に入れておくといいでしょう。

〈引用文献〉
※　F・S・パールズ　倉戸ヨシヤ（監訳）1990
『ゲシュタルト療法―その理論と実践―』ナカニシヤ出版、163-164

4.

Thursday Pocket

人生には「祭りと修行」がある

人間国宝、小林ハル氏の「良い人と歩けば祭り、悪い人と歩けば修行」という言葉を君は知っていますか。私は、この名言の最初に、「相性の」という言葉を加えると、担任として子どもの前に立つときの心構えができるのではないかと思います。

子どもとの相性が良ければ、スムーズな「関係づくり」ができ、お祭りのようにともに学校生活を楽しめるでしょう。しかし、相性が悪ければ、「関係づくり」に苦戦し、ともに修行のような辛さを感じることになるでしょう。

相性が良ければそれでよし。一方、悪ければ「これは教師として成長するための修行」と捉えて、日々、子どもに向き合っていく……。A・エリスの「論理療法」にふれた方であれば、「考え方次第で悩みは消える」という言葉を思い出すのではないでしょうか。

教師という仕事を選んだ以上、君も私も、子どもたちと一緒の「歩み」を止めることはできません。教師生活という30年を超える長い道程で、「祭りも修行も楽しむ」と心を定めませんか。「うーん、定めにくいなぁ」という君がいるならば、是非、私に連絡（巻末参照）をください。一緒に考えていきましょう。

102

5.
Friday Pocket
子どもに要求することは全て自分がしてみせる

君は、今、子どもたちを見ていて、「おはようって、元気に言ってくれたらいいのになぁ」「うなずきなど、授業中の反応がもっとほしい」「ありがとう」『ごめんね』が自然に言えるといいけど」…等々、「してほしい」ことがたくさんあるのではないでしょうか。それらができたら、「関係づくり」がよりスムーズになっていくのに、なかなかできない子どもたちを見ると、担任としてはもどかしさも感じていることでしょう。

日々、大学生に接している私も、君と同じです。学生には、キャンパスにおけるさまざまな人間関係を通して人として大きく成長してほしいという願いを強くもっています。その願いを叶えるために、私は、「学生に要求することは全て自分がしてみせる」と自分に言い聞かせながら、学生の前に立っています。「元気にあいさつをする」「学生の話をうなずいて聴く」「学生の協力に対して、『ありがとう』と言葉をかける」「丁寧な言葉づかいをする」等々の言動をモデルとして示そうと思っています。モデルがいつもうまく示せればよいのですが、時には、うまくいかないこともあります。その時には、「ごめん」「申し訳ない」等、謝ることもモデルとして示せれば…と思っています。是非、君も、願う子どもたちの姿を、君自身を通して見せていってください。

渡辺和子氏が著書の中で、「子どもは親や教師の『言う通り』にならないが、『する通り』になる」と書かれています(※)。これまで、学校現場で多くの子どもたちに担任としてかかわってきた経験を振り返ると、「確かにそうだ」と納得する言葉です。子どもの前に立つ教師としての仕事を選んだ君と私は、重い責任も同時に背負ったということですね。お互いに、自分の言動チェックを怠らないようにしましょう。そのチェックの基準は、先輩教師や本に学びながら…。

《引用文献》
※ 渡辺和子 2012 『置かれた場所で咲きなさい』幻冬舎、52

6.
Saturday Pocket
あきらめずに「関係のトンネル」を掘る

ある学校の校長、N先生から次のような話をうかがいました。

20代の頃、ある女子生徒とのかかわりが難しく、どのように働きかけても無視されているように感じ、年度途中から声をかけることを止めた。30年後、当時の学級の「同窓会」が開かれた際、彼女に、「おまえはあの頃、オレに全く心を開かなかったなあ」と話しかけた。その時、彼女から返ってきたのは、「だって先生は途中から私に声をかけなくなったじゃない」という言葉だった。それを聞いたとき、かかわりをあきらめてしまった自分自身を大いに反省した。

N先生の働きかけが彼女に全く届いていなかったわけではないのです。「関係のトンネル」は少しずつ掘り進められていたのに、「貫通」する前に後戻りしてしまったということになるでしょうか。当時の彼女の心には、何かしらの事情により、大人に素直に向き合えない理由があふれていたのかもしれません。その心が、「無視」に見える姿として目の前に現れたとき、N先生はそれを正視し続けることができなかったのでしょう。私自身も、中学生を担任したとき、ある女子生徒とのかかわりに悩んだことがあり、N先生の気持ちや行動がわかる部分があります。

今、子どもとの「関係づくり」に悩んでいる君には、N先生の事例を心に留め置いてほしいと思います。**君がさまざまに働きかけることは無駄ではなく、「トンネルのひと掘り」になっているということ。そして、それをあきらめずに続けることで、やがて、「関係のトンネルが貫通する」ということ。子どもという「岩盤」は、私たちの働きかけという「ドリル」を跳ね返すほどの堅さはないと信じましょう。**

あきらめなければ、いつか「関係のトンネル」が貫通します……。

7.

Sunday Pocket

今見ている景色を楽しむ

全国各地の学校に、授業力、学級経営力等がすばらしい「スーパーティーチャー」がいます。元公立中学校教師、現在は大学教員の鹿嶋真弓先生（高知大学准教授）もその一人です。その鹿嶋先生ですら、某テレビ番組に出演された際、生徒との「関係づくり」に悩み、教師を辞めようと思ったことがあるという話をされていました。どうですか？「そうか。鹿嶋先生でも悩んだことがあるんだ」…と、君の気持ちが少し楽になったのではありませんか？　子どもとの関係をよりよいものにしたいと思うからこそ、悩みが生まれてくるのです。私は、「悩める自分」がいることに拍手を贈ってよい…そう考えています。

私たち教師は、学習面、生活面、そして、「関係づくり」等において、子どもに設定する目標を高くしがちなのかもしれません。さまざまな学びの過程を登山にたとえるならば、せっかく時間をかけて登ってきた「今の高さ」に満足できず、常に、「もっと上の高さ」に目をやりすぎてしまう傾向があるのではないでしょうか。立ち止まり、後ろを振り返って見れば、山の麓は遥か下方にあることに気づくことがあります。そして、今立っている場所から見える周囲の景色も決して悪くはありません。どうでしょうか？　君は、今、その場で見ている景色を楽しんでいますか？　その景色を楽しむことができれば、そこまで一緒に登っ

てきた子どもも自分もともに「がんばった」と褒めたり、認めたりすることができるでしょう。今見ている景色を楽しめず、上ばかりを見ている登山は苦行にしかなりません。

時には、君自身、子どもや自分を褒めたり、認めたりすることが難しいと感じることもあるでしょう。その時には、君の「登山」の様子を私に聞かせてください。横に座って、君が見ている景色の話を聞いてもらうだけでも私はうれしいし、きっと私は、君に「おー、なかなか綺麗な景色を見ているね」と伝えることができます。子どもとの「登山」はどれもこれも良き思い出として、君の財産になっていきます。そして、「登山」に必要なのは、何と言っても「体力」……。その「体力」となるのが、さまざまな知識・理論・技法です。私も君に負けない「体力」づくりをしていくつもりです。一緒に学んでいきましょう。

エサレン

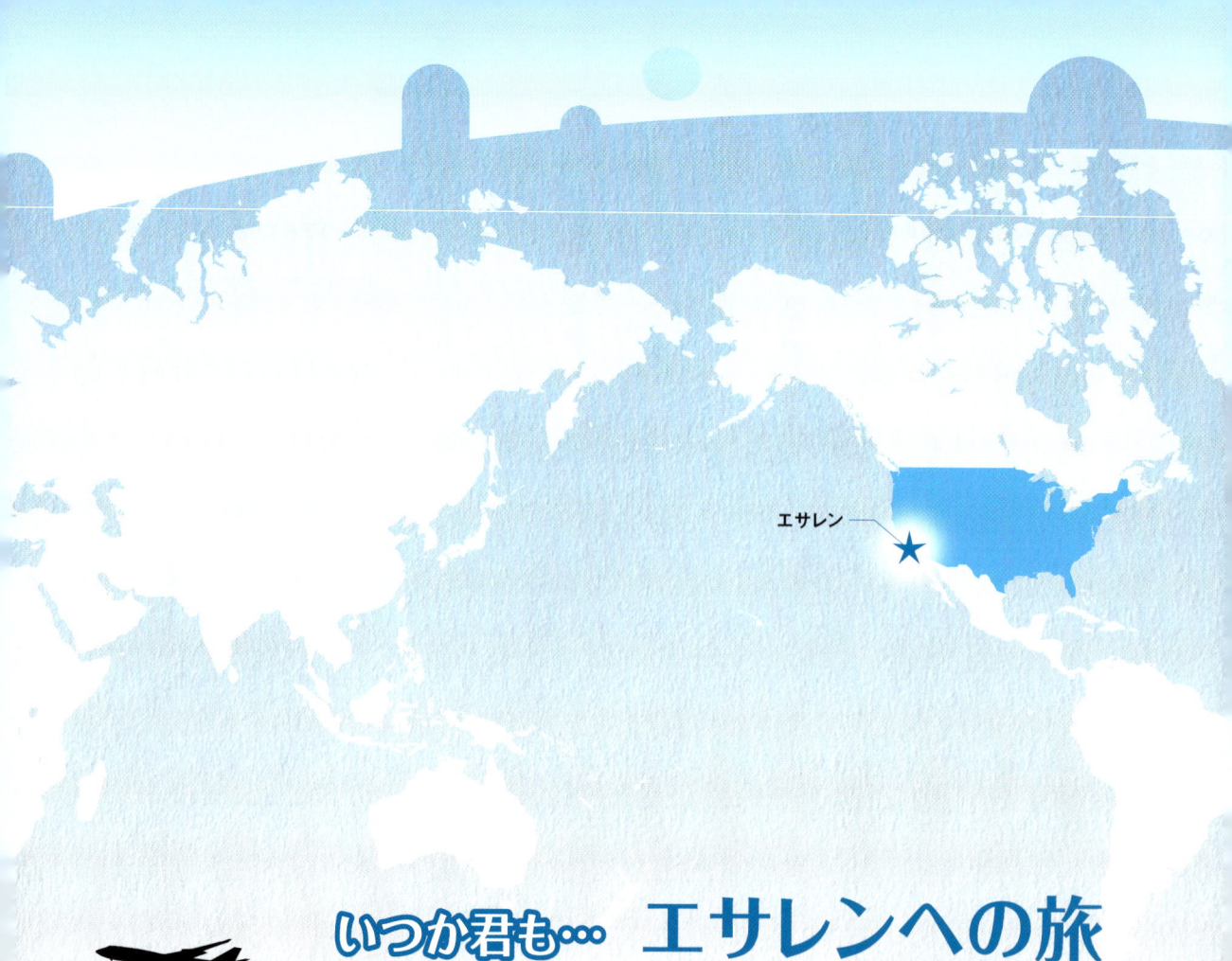

いつか君も… エサレンへの旅
2011年3月3日～9日

グループ・エンカウンターのメッカ

構成的グループ・エンカウンターを学び始めてから、ずっと私にとっての憧れの地であったエサレン。その夢を叶えたのが2011年3月。エンカウンターにふれたなら、いつか皆さんも……。当時の私のブログ「KAZU・和・POCKET」(http://kazusge.blog117.fc2.com/) から、2011年3月1日～3月30日に掲載した「夢の旅」を綴ってみます。

エサレン研究所とは

カリフォルニア州ビッグサー (Big Sur：太平洋岸沿いに南北80kmに延びている村) にある研究所。グループ・エンカウンターのメッカと評する人が多い。エサレンの名称は、3000年以上前にこの地に住んでいたEsselen IndiansというインディアンのNATIVE部族名に由来する。人間性回復運動(ヒューマン・ポテンシャル運動)を起こすためのコミュニティセンター設立を志したR・プライスとM・マーフィーにより、1962年(昭和37年)設立。エサレンでは人間の可能性を開発するあらゆる方法が試みられたと言ってよい。F・S・パールズのゲシュタルト療法はここで成立し、構成的グループ・エンカウンターもここにその源流がある。また、A・マズローはエサレンについて、「アメリカで最も重要な教育機関である」と絶賛した。

エサレンへの旅の前に

エサレンを想う

　エンカウンターを学び始めて約15年…。関係する著作や研修の機会にエサレン（エスリンとも言う）研究所の存在を知り、「いつか行きたい」と憧れの想いを抱き続けてきました。その想いがいよいよ実現します。2008年10月に購入して読みふけった『エスリンとアメリカの覚醒（原題：The Upstart Spring）』（※1）を、今、再読し、エサレンへの想いを強めています。著者のW・T・アンダーソンが「だんだんとそこが好きになるばかり。誰が行ってもそうなる場所」というエサレン。訳者の伊藤博氏が「構成的グループ・エンカウンターも、ここエサレンにその源流を求めることができる」というエサレン。アンダーソンの次の言葉も心に響きます…。「（エサレンを訪れ）私は自分のやりたいことをやったのだ。その場所を確認し、そこと接触するということを…」

行ってきます！

　今は成田空港で珈琲タイム。夕方5時発のフライトまでの時間の過ごし方を考えながら、その先のモントレー＆エサレンの光景も目に浮かび、期待が高まっているところです。マズローの言う「至高の体験」がきっと待っていると思います。人、自然、文化に出会う……、そして、何より自分自身に出会う旅になることでしょう。マズローの欲求階層説に照らせば、「生理的」「安全」「所属・愛」「承認」欲求はすべて満たされ、最上位の「自己実現」欲求が高まっている……。今の私の心境です。

荷作り完了

　エサレン行きの荷作り完了。エサレン研究所で過ごすのは3日間。どんな体験が待っているのかワクワクします。また、その前後泊は、『エデンの東』の著者スタインベックの小説で知られる街モントレーで過ごします。モントレー発祥の桟橋「フィッシャーマンズワーフ」には是非、足を延ばそうと思います。昨年の日記を見ると、エサレン行きを宣言したのが2月23日。エサレン行きを大きな目標に日々の英語の勉強もしてきたと言っても過言ではありません。英語はどんな成果と課題があるでしょうか…。最近、いちばん好きな言葉、「自分に期待する！」。今、まさにその心境です。

※1　W・T・アンダーソン（伊藤博訳）『エスリンとアメリカの覚醒』誠信書房、17、334-335

エサレンの旅を綴る

モントレーの街1

　夢だったエサレンへの旅を終え、早いもので10日が過ぎました。次にまたエサレンを訪れる時のために、そして、多くの方が私同様「エサレンへの扉」を開くために、エサレンの思い出を10回に分けてまとめてみます。エサレンに行くには、サンフランシスコからモントレーの街に回る必要があります。エサレンへのVANサービスは夕方、モントレーの街から利用可能だからです。そこで、まずはモントレーについて紹介します。モントレーを訪れたら、是非、フィッシャーマンズワーフ（桟橋）に足を延ばしましょう。桟橋からはラッコ、アシカの泳ぐ姿を見ることができます。クラムチャウダーも絶品！　静かに海や空を眺めていると、時間が過ぎるのを忘れます。モントレーが発祥地とも形容されるワーフを歩くだけで、モントレーの街の虜になります。

ビッグサー海岸

　3月4日（金）の夕方4時、モントレーの街でエサレンからの送迎VANにピックアップしてもらう予定でした。やはり、私同様、エサレンに向かう日本人Mさんに会って、ホッとしたのも災いしたのでしょう。何とVANが、停留所に立っている私たち二人を見逃し、通り過ぎてしまったのでした。「どうしよう?」とたたずむこと40分、私たちを探しに再びVANが戻ってきてくれました。あの時ほどうれしかったことはありません。VANに乗り込み、ようやく目的地、エサレンへ。窓越しに見たビッグサー海岸の美しさは忘れられません。約1時間のドライブでエサレンに着。ロッジ風の宿泊棟は風情がありGood!　3人でシェアです。6時半からの夕食を終え、いよいよワークショップスタート!

モントレーの街2

　フィッシャーマンズワーフから海岸沿いの遊歩道を20分ほど歩くと、そこは文豪スタインベックゆかりの地、キャナリーロウ。『エデンの東』、J・ディーンを思い浮かべながら、ゆっくり街中を散策。ケナフで有名な水族館も一見の価値あり。モントレーは、ホエールウォッチングも有名な街。それを知ったからには「行かなくちゃ!」ということでウォッチングに参加。カリフォルニアの海に出て、鯨やイルカを見ることができるとは…。エサレン行きの前に、大自然からエネルギーをもらったひと時です。

108

Little house

　3日間の体験ワークショップを主に行ったところは「Little house」。外観を見ただけで、「わぁ、いいなぁ」とワクワク。部屋の中もペチカ、クッションなど、いい雰囲気。この部屋を中心に五つのワークショップが行われました。参加者は9人（米国6人、露1人、日本2人。男性2人、女性7人）の小グループでした。我らがリーダーはPatrice。ゲシュタルトワークのスペシャリストです。自分の身体の中心（センター）を意識するワークがたっぷり。ただ、Patriceの指示を十分に理解できない私は、周りのメンバーの動きをまねながら、何とかワークをこなしていったという感じです。「次にエサレンに行くときも、絶対、Patriceのワークに!」。新たな夢の誕生です。

『Maslow』の部屋

　ワークショップのスタートは、オリエンテーションから。エサレンスタッフによるエサレンの歴史に関するレクチャーからスタート。英語が得意な人は、きっとレクチャーの全てを聴き取れると思いますが、私の場合は、ややハードル高し！ それでも、エサレン関連書籍『アメリカの覚醒』を読んでいたので、だいたい内容が理解できました。感動したのは、オリエンテーションを行った部屋の名前が「Maslow」。あの欲求階層説で著名なマズローゆかりの部屋だったこと。「かつてこの部屋でマズローがレクチャーをしたんだな」と思うだけで、幸せでした。レクチャーを聴きながら、私の気分はすっかり1960年代のエサレンにタイムスリップ。スタッフがマズローに見えた不思議な瞬間でした。

Who are you?

　体験ワークショップは、Patriceによる気づきのワークが三つ。その他スタッフによる即興ワークとエサレンマッサージのワークがありました。Patriceのワークでは、ペアになり、お互いに「Who are you?」と聞き続けるワークがありました。その時のペアがPatrice。「エサレンの師匠」とのワークは幸せなことでしたが、このワークには困った…。何しろ「Who are you?」と聞かれ、「I'm from Japan」「I'm a teacher」でもう後が続かない。Patriceが「日本語で話せばいい」と言ってくれたので、「私は…」といくつか続けることができましたが、それでも言葉に詰まって…。こんなにも自分のことがわかってないのか…と愕然としました。逆にPatriceが、自分と平和、仕事、家族等について語る姿…最高にすてきでした！

エサレンの旅を綴る

hot spring

　エサレンといえば、有名なのがhot spring（温泉）。海岸に面した「すごい」場所にありました。パールズもマズローも入った温泉かと思うと、それもまた感激！ ロッジから海岸沿いの道を下ること10分。きれいに整備された温泉施設がそこに。カリフォルニアの海を見ながら、ゆっくりお湯に浸かる……、これだけでもエサレンに足を延ばす価値があります。男女別浴槽ではないため、「水着を着て入るのかな？」と思っていたらとんでもない。誰もが「フルオープン！」でした。さすがに私は湯船に入るまでタオルを巻いていましたが、外国の方々は違います。24時間入れるので早朝の入浴がお薦め！（私は朝5時にのんびりと…）

Fritz

　「Fritz」は、その昔、ゲシュタルト療法の祖、F・S・パールズが住んでいた家。石をふんだんに使った重厚なたたずまい。眼下に海を一望できる、この家が完成したとき、パールズは大満足だったそうです。今は、ゲシュタルトワークショップを行う際に主に使われているとのこと。休憩時間に「Fritz」まで散策。パールズがおそらく毎日眺めたであろう海を見、おそらく座ったであろう椅子にふれ、とてもいい時間を過ごすことができました。「私は私　あなたはあなた　私がこの世に生きているのは、あなたの期待に応えるためではない　また、あなたがこの世に生きているのは、私の期待に応えるためではない（※2）」……。ゲシュタルトの祈りを思い出しました。

※2　F・S・パールズ　倉戸ヨシヤ（監訳）　1990『ゲシュタルト療法―その理論と実践―』ナカニシヤ出版、163・164

Lodge

　エサレンのメイン施設がLodge。食堂、cafe、ワークショップの会場でもあります。いろいろな国の人が、自然、人、文化に出会うために集う場所、エサレン。「英語ができればもっと皆と会話が楽しめるのに」という思いが、次の学びや旅へのモチベーションにつながります。「今回はエサレンに行ったということだけでOK。でも次は……」という期待もまた高まります。夢にまで見ていたエサレンは、私の夢をはるかに超えるすばらしさでそこにありました。エサレン……また新しい夢が見られそうです。

So long（じゃぁ、また）

　インターネットの検索エンジンで、「エサレン」と打ち込むとさまざまな記事があり、ブログも多くの方が綴っています。エサレンに対して好意的なもの、批判的なもの、その人その人の思いがあるのだなぁと改めて感じます。今回のエサレンの旅が私にプレゼントしてくれたものはたくさんあります。その中でもいちばんは「やれた！」という自分への自信……、エサレンへの申し込み、航空券、モントレーのホテルの手配等、全て自分でやることができました。帰りの飛行機が急遽キャンセルになり、別経路で帰ることになっても何とか無事に帰国できました。だから、皆さんもきっとエサレンに行けます！

教室でできる「関係づくり」
〜「一枚岩」の学校づくりを目指して！〜

中学校の研究発表会を見学した希実先生は、校長先生にその時の様子を報告。その後、希実先生の学校でも、曽山先生を講師に招き、研修会を行うこととなり……

校長室

「曽山先生、どうぞよろしくお願いいたします」

「こちらこそ、よろしくお願いいたします」

（よし、これからがんばるわよ！）

研修会初日

「……子どもたちとの関係づくりについて具体的なアプローチを紹介します。それでは『アドジャン』を実際にしてみましょう！」

「ちょっと不安だなぁ〜」
「大丈夫かなぁ〜」
「また、新しいことを始めるのか……」

アドジャン
3本
4本

「これならゲーム感覚で楽しんで取り組めそうだわ」
「へぇ、こんなエクササイズがあったんだ！」
「意外に、簡単にできそうだなぁ」

「……今まで先生方が積み重ねてきたことはそのまま大切にしてください。」

「そういうことなら、できるかも！」

「ふぅん、よし私もやってみよう！」

うむうむ

（なんだか先生たちの気持ちや考え方が変わっていきそうですね。この調子で、学校全体が「一枚岩」になってくれることを期待して……）

112

職員室
今月は、これをみんなでやりましょう！
よ～し、みんなで協力してやるぞ～！
数カ月後…
朝の会
子どもは遊ぶが如く、でも、私は遊んでいない……！
今日は「二者択一」をします！
それではいつものグループに別れてください
校長先生、この頃、少しずつですがクラスの状況がよくなってきました！
それはうれしいですね
子どもたちだけでなく先生同士のかかわりもよくなってきたので、この調子で私がリーダーとして引っ張っていかなくては！
校長先生も見ていてくださるし、この活動を継続していけるようにしなくちゃね！
「関係づくりの第一歩は相手への関心」からはじまります。希実先生たちの学校も、「花火を打ち上げる」ことができましたね！これからも「関係づくりの火」を灯し続けられるように応援していますよ！
あせらずに少しずつ、たまには立ち止まって「今見ている景色を楽しむ」余裕も必要です。まずは行動から。子どもは遊ぶが如く、でも私は遊んでいない。そんな実践をしていきましょう！
1.2.3

おわりに

本書を書き終えた今、改めて思うのは、「私は幸せだなぁ」ということです。自分の実践や研究を形に残すことは多くの方が「夢」として心に描いていることではないでしょうか。その「夢」を前著に続き、叶えることができたこと……まさに「夢」のようです。こうして幸せを感じることができるのは、多くの方々に学び、支えていただいたからです。数え切れないほどの恩に感謝しつつ、「おわりに」として、特に、依佐美中の先生方、國分康孝先生・久子先生、そして家族への思いを綴ろうと思います。

◆ 依佐美中の先生方
「先生方、一緒に学ばせていただき、ありがとうございました」

依佐美中の研究発表会を終え、ちょうど1年が過ぎた平成27年10月19日、再び校内研修会講師としてお声をかけていただきました。全職員中3分の1近くの先生が異動で代わられたということもあり、全学級のよさっぴタイムを参観した後、先生方と「作戦会議」（コンサルテーション）の場をもちました。後日、研修担当の先生から、私に届けられた先生方の感想……これはもう本当に「宝物」（宝を二つだけ紹介します）です。

● 私は依佐美中の勤務は○年目になりますが、SSTの活動を学び実践する機会を多くいただき、とても幸運でした。何度も曽山先生の講義を聴いてフィードバックしながら研究することができました。今回のキーワードは「シンプルに」でした。何度かよさっぴタイムを経験していくと、よけいな活動や思考が入ってきます。時折、教員も振り返りをしてブラッシュアップが必要であることを実感しました。曽山先生にばかり頼っていますので、自分たちでブラッシュアップできることも今後の課題と思いました。

- やっぱり曽山先生の話を聴くと原点回帰できます。難しく考えすぎたり、マンネリ化してきたり、というところで、またリセットすることができました。そして、新しい視点も増やすことができました。「3年生だから子どもに任せていい」という言葉は勇気をもらいました。子ども主体でやらせていくことで、より成長していくんだなと感じました。SSTもレベルを上げていくことで、また、いっそう楽しくなり、世界も広がっていきます。このよさっぴタイムでの成長が、授業や学校生活のさまざまな場面で活かせるよう、少しずつ工夫していこうと思います。いつもいつも優しいお話をありがとうございます。

これからも私がお役に立てるならば、いつでもお声をかけてください。何をおいても、私は依佐美中に駆けつけます！

◆ 國分康孝先生・久子先生へ

「康孝先生、久子先生、多くのご指導をありがとうございました」

私は今、講演や執筆をする際に、康孝先生、久子先生に教えていただいた言葉が、自然に口から、「あふれる」ようになってきたと感じています。「I think の前には理論が必要」「定義をクリアに」「例を挙げて説明せよ」「他人事ではなく自分を語れ」「あの人がうなずくだけで出る勇気」「courage to be」…等々。私自身、日々の実践や研究を進める中で、迷ったり、悩んだりすることも多くありますが、その際には、康孝先生、久子先生に教えていただいた言葉が目の前を明るく照らしてくれるようにも感じます。

大学では学生たちに、講演では各地の先生方に、「國分先生の弟子なので…」と『宣言』

しています。そう宣言するからには、常に学び続けなければ…と自分に言い続けています。康孝先生、久子先生、これからもご指導・ご鞭撻をよろしくお願いいたします。

◆家族へ 妻、晃子に…
「心からありがとう」

妻の支えがなければ私は今のような充実した人生を送ることはできなかったと思います。また、妻と出会わなければ、息子の泰賀、娘のヒョジョン（通名：翡衣）、孫の新、義父母（昭二郎、ツマ）に出会うこともできませんでした。「金のわらじを履いてでも…」という昔からの言い伝えは、私にとっては「まさにそのとおり」のことでした。かけがえのない多くの「宝」をプレゼントしてくれて本当にありがとう。

◆今、病床に伏している母、博子に…
「心からありがとう」

私は、母の明るさ、元気さ、そして、ちょっぴり神経質な面等々の全てを受け継いだと思っています。「織物の街：桐生」の機織り職人であった母から教えてもらった「縦糸と横糸」の話もまた、継いでいます。学級・学校経営を「機織り」にたとえる方は他にもいらっしゃいます（野中・横藤 2011、嶋崎 2015）が、「縦糸：教師と子どもの関係」「横糸：子ども同士の関係」という私のイメージの大本は、母の言葉にあります。たくさん注いでもらった愛への恩返しをしなければなりません。そのためにも、早く元気になってください。亡き父と二人で、私を一生懸命育ててくれて本当に

ありがとう。

お世話になったたくさんの方々のお顔を思い浮かべながら…

そして、最後に……

本書の企画から完成に至るまで、文溪堂の岸保好さん、佐竹哲夫さん、双双編集の江口千晃さんには、常に励ましやアイディア、ご助言等をたくさんいただきました。ここにあらためて御礼申し上げます。

平成28年1月吉日　曽山　和彦

《参考文献》
● 野中信行・横藤雅人　2011　『必ずクラスがまとまる教師の成功術～学級を安定させる縦糸・横糸の関係づくり』学陽書房
● 嶋崎政男　2015　成長を促す教育相談　諸富祥彦編　『これからの学校教育を語ろうじゃないか』図書文化

索引

あ
- アイメッセージ　68・71・78・79・100
- アサーション　18
- アジャン　45・46・63・65・67・69・70
- A・エリス　75・85〜87
- A・マズロー　106・110
- いいとこみつけ（いいとこ四面鏡）　102
- 一枚岩　85・86・91
- 井戸端会議　18・29・30・32・34・66・72
- インストラクション　76・78・94
- エクササイズ（心理的課題を用いた演習）　64・65・85・91
- エサレン　36・44・66
- SST　21〜23・36・45・47・65
- SGE　23・106・111
- E・シャイン　12・19・20・35・36・47・85
- エンカウンター　19〜23・35・36・47・85・114・115
- 演業　21
- 親業　21〜24・47・71

か
- かかわりの糸　45・63・65
- 核家族世帯　100
- C・ロジャーズ　23
- 陰褒め　79・99
- 「型」の3要素　11
- 79・80
- 44

さ
- コンサルテーション　34・114
- 構成的グループ・エンカウンター　63・67〜69・71・85・106・107
- ゲシュタルト療法　19・21〜23・32・35・44
- ゲシュタルトの祈り　23・101・106・110
- KJ法　101・110
- グループカウンセリング　30・24
- グループアプローチ　92・94
- クラスワイドソーシャルスキル・トレーニング　63・66・70・71・77・84・60
- クラス対話　84
- 強化　88・89
- Q-U　20
- キャリアアンカー　62・89〜91
- 関係づくりの花火　21
- 学級親和　70・74
- 学級集団づくり　19・20・35・42・44・48・50
- 84・92
- 84・92
- 三世帯世代　11
- シェアリング（気づきの分かち合い）　36・67
- 私事化　11
- 思春期　35〜47・67・73・74・78・82
- 自尊感情　12・16・47・67・68・73・76・80
- 質問ジャンケン　45・75・85・86

た

- ターゲットスキル ……… 49・64
- 対人関係ゲーム・プログラム ……… 24
- 縦糸 ……… 56・61・73・116
- Tグループ ……… 24
- 特別支援教育 ……… 12・71

な

- 二本のアンテナ ……… 56・67・68
- 二者択一（どっちを選ぶ） ……… 39・40・45・49・85・86

は

- ベーシックグループ・エンカウンター ……… 22
- F・S・パールズ ……… 23・101・106・110
- ふれあい ……… 22
- 二人の木 ……… 60・63・67・69
- フィードバック（評価） ……… 36・44・66
- 般化 ……… 20
- 機織り ……… 73・116

ま

- モデリング（模範提示） ……… 36・44

や

- ユーメッセージ ……… 68・100

- 心理劇 ……… 22・24
- ストレス反応 ……… 13・16
- ソーシャルスキル ……… 12・16・20・47・73・74・77
- ソーシャルスキル・トレーニング ……… 69・71・84
- 12・19・24・32・35・63〜66
- 92・94

ら

- よさっぴトーク ……… 76・77・80〜82
- ライフライン ……… 29・42・48・52・54・55・72
- ラポート ……… 82・84・114・115
- リハーサル ……… 66〜70・72・74〜78・80〜
- リレーション（ふれあい） ……… 45・47・48・58・60
- ルール ……… 22・61・69
- 論理療法 ……… 47・60・64・67〜69・77・78
- 91
- 102

- 横糸 ……… 56・61・73・116
- よさっぴタイム ……… 29・32・33・36・38・40〜43・

119

著者紹介

曽山 和彦
（そやま　かずひこ）

名城大学大学院 大学・学校づくり研究科及び教職センター　教授

群馬県桐生市出身。東京学芸大学卒業、秋田大学大学院修士課程修了、中部学院大学大学院博士課程修了。博士（社会福祉学）。東京都、秋田県の養護学校教諭、秋田県教育委員会指導主事、管理主事、名城大学准教授を経て、現職。学校心理士。ガイダンスカウンセラー。上級教育カウンセラー。学校におけるカウンセリングを考える会代表。
著書に『時々、"オニの心"が出る子どもにアプローチ　学校がするソーシャルスキル・トレーニング』（明治図書）、『教室でできる特別支援教育　子どもに学んだ「王道」ステップ　ワン・ツー・スリー』（文溪堂）、編著書に『気になる子への支援のワザ』（教育開発研究所）、ほか多数。

本書についてのご意見・ご感想をお教えください。
soyama-koen@bunkei.co.jp
※メールに件名〈『教室でできる関係づくり　「王道」ステップⅡ』の意見・感想〉と入れて、ご意見・感想をお書きください。

マンガ・イラスト／ねこまき（ミューズワーク）
装丁・デザイン、DTP／双双編集
編集協力／双双編集

学校と創った 教室でできる関係づくり
「王道」ステップ ワン・ツー・スリー Ⅱ

2016年3月　第1刷発行

著　者	曽山　和彦
発行者	川元　行雄
発行所	株式会社**文溪堂**
	東京本社／東京都文京区大塚 3-16-12　〒112-8635　TEL (03) 5976-1311㈹
	岐阜本社／岐阜県羽島市江吉良町江中 7-1　〒501-6297　TEL (058) 398-1111㈹
	大阪支社／大阪府東大阪市今米 2-7-24　〒578-0903　TEL (072) 966-2111㈹
	ぶんけいホームページ　http://www.bunkei.co.jp/
印刷・製本	サンメッセ株式会社

©2016 Soyama Kazuhiko Printed in Japan
ISBN978-4-7999-0169-4　NDC375　120P　235mm×182mm
落丁本・乱丁本はお取り替えします。定価はカバーに表示してあります。